BEITRÄGE ZUR
GESCHICHTE DER BIBLISCHEN EXEGESE

Herausgegeben von
OSCAR CULLMANN, BASEL/PARIS · NILS A. DAHL, OSLO
ERNST KÄSEMANN, TÜBINGEN · HANS JOACHIM KRAUS, GÖTTINGEN
HEIKO A. OBERMAN, TÜBINGEN · HARALD RIESENFELD, UPSALA
KARL HERMANN SCHELKLE, TÜBINGEN

14

LE BAPTÊME DE JÉSUS

Histoire de l'exégèse
aux deux premiers siècles

par

DANIEL ALAIN BERTRAND

1973

J. C. B. MOHR (PAUL SIEBECK) TÜBINGEN

©

Daniel Alain Bertrand
J.C.B. Mohr (Paul Siebeck) Tübingen 1973
Alle Rechte vorbehalten
Ohne ausdrückliche Genehmigung des Verlags ist es auch nicht gestattet,
das Buch oder Teile daraus
auf photomechanischem Wege (Photokopie, Mikrokopie) zu vervielfältigen.
Printed in Germany
Offsetdruck: Gutmann & Co., Heilbronn
Einband: Heinrich Koch, Großbuchbinderei, Tübingen

ISBN 3 16 134462 6 (Lw.)

Le présent volume reproduit à quelques détails près une thèse complémentaire de doctorat en sciences religieuses soutenue à Strasbourg en 1971. Je remercie les membres de mon jury, les professeurs A. Benoît, M.-A. Chevallier et P. Prigent, pour leurs critiques et leurs suggestions. Ma reconnaissance va également à mon ancien maître, le professeur O. Cullmann, qui a envisagé favorablement la publication de ce travail.

TABLE DES MATIÈRES

TABLE DES MATIÈRES V

ABRÉVIATIONS VIII
Ouvrages VIII
Revues VIII
Collections X

INTRODUCTION 1

CHAPITRE PREMIER: LES ÉVANGÉLISTES 4
Marc 6
Matthieu 10
Luc et les Actes 12
Jean 17

CHAPITRE DEUX: LES SYRIENS 21
Les Odes de Salomon 23
Ignace d'Antioche 26
Tatien le Syrien 33
Les interpolations des Testaments des douze patriarches . . 36

CHAPITRE TROIS: LES JUDÉO-CHRÉTIENS 39
L'Evangile des nazaréens 42
La Praedicatio Pauli 43
L'Evangile des ébionites 44
Les ébionites 46
L'Evangile des hébreux 49
Les Kérugmata Pétrou 50
Les Oracles sibyllins 52

CHAPITRE QUATRE: LES GNOSTIQUES NON-VALENTINIENS 56
Cérinthe 57
Les nicolaïtes 60
Les carpocratiens 60

Les ophites 61
Les séthiens 63
Les basilidiens 64

CHAPITRE CINQ: LES GNOSTIQUES VALENTINIENS 68
Les valentiniens 69
Ptolémée le Gnostique 74
Héracléon 74
Théodote le Gnostique 76
Marc le Mage 78
Colorbasus 82

CHAPITRE SIX: LES ADOPTIANISTES 83
Les aloges 85
Théodote de Byzance 86

CHAPITRE SEPT: LES HÉRÉSIOLOGUES 90
Justin le Martyr 91
Méliton de Sardes 98
Irénée de Lyon 109

CHAPITRE HUIT: LES PAÏENS 122
Celse 122

APPENDICES 127
Appendice A: le Jourdain 127
Appendice B: le feu 128
Appendice C: la lumière 129
Appendice D: la colombe 129
Appendice E: la voix 131
Appendice F: l'âge de Jésus 132

CONCLUSION 134

LISTE DES COMMENTATEURS ET DES TEXTES RETENUS 137

LISTE DES COMMENTATEURS ET DES TEXTES ÉCARTÉS 140

BIBLIOGRAPHIE 142
Editions de textes 142

Histoire de l'exégèse 144
Autres travaux 150

INDEX 152
Livres bibliques 152
Oeuvres anciennes 154
Auteurs modernes 159

A B R É V I A T I O N S

OUVRAGES

CCL: *Corpus christianorum, series latina*, environ 75 vol., Turnhout (Belgique) 1954-1972.

DACL: *Dictionnaire d'archéologie chrétienne et de liturgie*, 15 t., 30 vol., Paris 1907-1953.
DTC: *Dictionnaire de théologie catholique*, 15 t., 30 vol., 3e éd., Paris 1930-1950.

PG: J.-P. MIGNE, *Patrologiae cursus completus, series graeca*, 161 vol., Paris 1857-1866.
PL: J.-P. MIGNE, *Patrologiae cursus completus, series latina*, 221 vol., Paris 1844-1855.
PO: *Patrologia orientalis*, 36 vol., Paris puis Turnhout (Belgique) 1903-1971.

StEvang: *Studia evangelica, Papers presented to the international congresses on New Testament studies held at Christ Church, Oxford*, 5 vol., Berlin 1959-1968 (TU 73, 87-88 et 102-103).

TWNT: G. KITTEL et G. FRIEDRICH, *Theologisches Wörterbuch zum Neuen Testament*, 8 vol., Stuttgart 1933-1969.

REVUES

ARW: *Archiv für Religionswissenschaft*, Freiburg im Breisgau puis Tübingen puis Leipzig puis Berlin 1898-1942 (?).

BibbOr: Bibbia e Oriente, Milan puis Gênes 1959 ss.

CBG: Collationes brugenses et gandavenses, Bruges 1955 ss.
CBQ: The catholic biblical quarterly, Washington 1939 ss.
CiFe: Ciencia y fe, San Miguel (Argentine) 1944-1964.

EstEcl: Estudios eclesiásticos, Madrid 1922 ss.
ETL: Ephemerides theologicae lovanienses, Louvain 1924 ss.
ExpT: The expository Times, Edimbourg 1889 ss.

Greg: Gregorianum, Rome 1920 ss.

HTR: The Harvard theological review, Cambridge (Massachusetts) 1908 ss.

JBL: Journal of biblical literature, Middletown (Connecticut)... puis Philadelphia (Pennsylvania) 1881 ss.
JEH: The journal of ecclesiastical history, Londres 1950 ss.
JTS: The journal of theological studies, Londres puis Oxford 1899-1949.
JTS2: The journal of theological studies, new series, Oxford 1950 ss.

Muséon: Le Muséon, Louvain 1882 ss.

NedTheolTijd: Nederlands theologisch tijdschrift, Wageningen puis La Haye 1946 ss.
NieuwTheolTijd: Nieuw theologisch tijdschrift, Haarlem 1912-1944 (?).
NovTest: Novum Testamentum, Leiden 1956 ss.
NRT: Nouvelle revue théologique, Tournai et Paris 1869 ss.
NTS: New Testament studies, Cambridge 1954 ss.

RechSR: Recherches de science religieuse, Paris 1910 ss.
RevApol: Revue apologétique, Paris 1922-1938.
RevBib: Revue biblique, Paris 1892 ss.
RevBíblica: Revista bíblica, Buenos Aires 1939 ss (?).
RevSR: Revue des sciences religieuses, Strasbourg 1921 ss.
RevTeol: Revista de teología, La Plata (Argentine) 1951 ss (?).
RHPR: Revue d'histoire et de philosophie religieuses, Strasbourg

puis Paris 1921 ss.
RQum: Revue de Qumrân, Paris 1958 ss.
RSPT: Revue des sciences philosophiques et théologiques, Kain (Belgique) puis Paris 1907 ss.
RTK: Roczniki teologiczno-kanoniczne, Lublin (Pologne) 1954 ss (?).

ScCat: La scuola cattolica, Milan 1873 ss.
ScEc: Sciences ecclésiastiques, Montréal 1949-1967.
SJT: Scottish journal of theology, Edimbourg 1948 ss.
StTheol: Studia theologica, Lund (Suède) 1947 ss.

ThPh: Theologie und Philosophie, Freiburg im Breisgau 1966 ss.
ThQ: Theologische Quartalschrift, Ravensburg puis Munich puis Tübingen 1819 ss.
ThZ: Theologische Zeitschrift, Bâle 1945 ss.

VigChr: Vigiliae christianae, Amsterdam 1947 ss.

ZNTW: Zeitschrift für die neutestamentliche Wissenschaft und die Kunde der älteren Kirche, Giessen puis Berlin 1900 ss.
ZTK: Zeitschrift für Theologie und Kirche, Freiburg im Breisgau puis Leipzig puis Tübingen 1891 ss.

COLLECTIONS

AG: Analecta gregoriana.
AHC: Annales d'histoire du christianisme.
AnalBib: Analecta biblica.
AnchBib: The Anchor Bible.
ASNTU: Acta Seminarii neotestamentici upsaliensis.
ATA: Alttestamentliche Abhandlungen.

BAC: Biblioteca de autores cristianos.
BBI: The bulletin of the Byzantine Institute.
BCESS: Bibliothèque des centres d'études supérieures spéciali-

sés.
BFT: Bibliothèque de la Fondation Thiers.
BH: Bibliothèque historique.
BHT: Beiträge zur historischen Theologie.
BThéologie: Bibliothèque de théologie.
BThéologique: Bibliothèque théologique.
BZNTW: Beihefte zur Zeitschrift für die neutestamentliche Wissenschaft und die Kunde der älteren Kirche.

CBM: Chester Beatty monographs.
CNT: Commentaire du Nouveau Testament.
CRHPR: Cahiers de la Revue d'histoire et de philosophie religieuses.
CSCO: Corpus scriptorum christianorum orientalium.
CSCOSArm: Corpus scriptorum christianorum orientalium, Scriptores armeniaci.
CSCOSubs: Corpus scriptorum christianorum orientalium, Subsidia.
CSEL: Corpus scriptorum ecclesiasticorum latinorum.

DAWBSSAW: Deutsche Akademie der Wissenschaften zu Berlin, Schriften der Sektion für Altertumswissenschaft.

EB: Etudes bibliques.
EHPR: Etudes d'histoire et de philosophie religieuses.
EPM: Etudes de philosophie médiévale.
ETH: Etudes de théologie historique.

FRLANT: Forschungen zur Religion und Literatur des Alten und Neuen Testaments.
FTS: Frankfurter theologische Studien.

GCS: Die griechischen christlichen Schriftsteller der ersten drei Jahrhunderte.

HNT: Handbuch zum Neuen Testament.
HTKNT: Herders theologischer Kommentar zum Neuen Testament.
HUT: Hermeneutische Untersuchungen zur Theologie.

KDVSHFM: Det Kgl. Danske Videnskabernes Selskab, Historisk-filologiske Meddelelser.

KEKNT: Kritisch-exegetischer Kommentar über das Neue Testament.

LD: Lectio divina.
LGF: Liturgiegeschichtliche Forschungen.
LGQF: Liturgiegeschichtliche Quellen und Forschungen.

NC: Nouvelle Clio, L'histoire et ses problèmes.
NTD: Das Neue Testament Deutsch.
NTTS: New Testament tools and studies.

Patr: Patristica.
PSal: Précis Salvator.
PSC3SFL: Pubblicazioni dell'Università cattolica del Sacro Cuore (3e série), Scienze filologiche e letteratura.
PSor: Patristica sorbonensia.

SBS: Stuttgarter Bibelstudien.
SC: Sources chrétiennes.
SHRQ: Supplementhefte zur Römischen Quartalschrift.
STBNT: Studia theologiae biblicae Novi Testamenti.

TD: Textes et documents pour l'étude historique du christianisme [Hemmer et Lejay].
TH: Théologie historique.
THKNT: Theologischer Handkommentar zum Neuen Testament.
TSÖLG: Theologische Studien der österreichischen Leo-Gesellschaft.
TU: Texte und Untersuchungen zur Geschichte der altchristlichen Literatur.

INTRODUCTION

Si le baptême du Christ est un fait authentique, l'histoire de son interprétation commence avec Jésus et Jean-Baptiste, qui sont pour ainsi dire les premiers exégètes de l'événement; dans le cas contraire, elle débute au plus tard avec les plus anciennes attestations de la scène du Jourdain, c'est-à-dire avec les évangiles synoptiques. Il faudrait donc en principe d'abord examiner une question extérieure au sujet de cet essai, celle de l'historicité de l'épisode. Je crois pouvoir en fait m'en dispenser. Il ne me semble en effet pas possible, ainsi que je le dirai, de reconstituer une interprétation du baptême du Christ antérieure à celles des textes évangéliques: les éléments traditionnels qu'ils ont recueillis résistent à l'explication, et seules les parties rédactionnelles qu'ils ont ajoutées s'avèrent intelligibles. Savoir s'il y a lieu ou non de faire remonter l'origine de l'histoire de l'exégèse à Jésus lui-même est dès lors sans objet, les évangélistes apparaissant comme les premiers commentateurs effectifs[1].

L'autre terme fixé à cette enquête est la fin du deuxième siècle. Bien entendu cette limite n'est pas tout à fait stricte. Je tiendrai compte par exemple des notices hérésiologiques de l'Elenchos et du Panarion, bien qu'elles décrivent souvent moins les sectaires d'avant 200 que leurs descendants; inversement je laisserai de côté des auteurs comme Clément et Tertullien, quoiqu'une partie de leur production soit sans doute antérieure au

---

[1] Je souligne que mes réserves sur la possibilité de connaître le sens primitif de la scène du Jourdain n'impliquent aucun jugement sur son authenticité. - Pour un bilan récent des interprétations que Jésus a pu donner de son propre baptême, voir l'article d'A. FEUILLET, "La personnalité de Jésus entrevue à partir de sa soumission au rite de repentance du Précurseur", RevBib 77 (1970), p. 30-49.

troisième siècle.

Les quelque cent trente ans de la période ainsi définie sont d'une importance primordiale. C'est alors que se développent les principaux courants des origines chrétiennes, judéochristianisme, gnosticisme et protocatholicisme, et que s'élaborent de nombreuses doctrines et exégèses ultérieures, particulièrement en matière de christologie. Il n'est donc pas inutile, je crois, d'analyser pour cette époque les interprétations du baptême de Jésus aussi exhaustivement que possible: je ne négligerai que certaines informations de seconde main fournies par les Pères des siècles suivants. Le dossier a été à peu près établi voici déjà assez longtemps[1], mais n'a pas encore été, à ma connaissance, systématiquement exploité[2]. Il peut être considéré comme entièrement littéraire, les rares représentations iconographiques anciennes étant difficilement datables[3].

Je suivrai un plan à la fois logique et chronologique. Tous les témoignages directs ou indirects sur l'interprétation de tel auteur ou de telle secte seront examinés dans une même notice, et toutes les notices relatives à un milieu donné réunies dans un même chapitre; à part ces regroupements, l'ordre historique, s'il est connu, sera respecté. Des appendices reprendront en outre quelques éléments thématiques constitutifs de la scène du Jourdain. Aucune classification n'est d'ailleurs exempte d'arbitraire, et je noterai à l'occasion les points les plus discuta-

---

[1] Voir surtout J. BORNEMANN, Die Taufe Christi durch Johannes in der dogmatischen Beurteilung der christlichen Theologen der vier ersten Jahrhunderte, Leipzig 1896, p. 5-49 et W. BAUER, Das Leben Jesu im Zeitalter der neutestamentlichen Apokryphen, Tübingen 1909, p. 110-141, 304-306 et 462-463.

[2] L'étude la plus complète et la meilleure est actuellement celle d'A. ORBE, La unción del Verbo, Estudios valentinianos, vol. 3, Rome 1961 (AG 113), mais, comme son titre l'indique, elle traite le sujet dans la perspective plus vaste de la désignation du Fils comme Christ.

[3] Pour leur reproduction, voir H. LECLERCQ, art. "Baptême de Jésus", dans DACL, t. 2, vol. 1, 1910, col. 346-380.

bles de l'agencement choisi.

Les commentateurs retenus seront répartis selon ces principes entre huit chapitres: les évangélistes, les Syriens, les judéo-chrétiens, les gnostiques non-valentiniens, les gnostiques valentiniens, les adoptianistes, les hérésiologues, les païens. Ces titres doivent être bien compris: on ne trouvera sous chacun d'eux que l'analyse des quelques témoignages conservés et non une synthèse de ce qu'a pu être l'exégèse de l'ensemble du groupe; je réserve en effet pour la conclusion les principaux auteurs ou sectaires des deux premiers siècles dont on ne connaît aucune interprétation du baptême de Jésus, soit qu'ils n'en aient pas donné, soit qu'ils en aient proposé une qui soit perdue.

Quant à la méthode de travail, ce sera l'explication de texte. Toutes les pièces du dossier seront commentées. Tout en supposant que le lecteur les a sous les yeux en langue originale, j'en présenterai toujours une traduction, dans presque tous les cas personnelle, et assez souvent relativement nouvelle, bien détachée typographiquement de mes remarques. On pourra ainsi repérer rapidement de page en page tous les jalons de cette histoire de l'exégèse.

CHAPITRE PREMIER

LES ÉVANGÉLISTES

Les écrits des évangélistes, Marc, Matthieu, Luc, les Actes et Jean, forment, c'est bien évident, un ensemble cohérent, leur genre littéraire étant commun, et leur date de composition voisine. Il va sans dire que leur importance pour l'histoire de l'exégèse du baptême de Jésus est primordiale, en raison d'une part de leur antériorité par rapport à toutes les autres sources, qui fait qu'ils fournissent le premier état de référence de l'interprétation, et d'autre part de leur accession rapide à la canonicité, qui a pour effet qu'ils ont déjà une valeur normative pour des documents de peu ultérieurs.

Ces ouvrages sont liés entre eux, on le sait, par divers rapports de dépendance littéraire, qu'il n'y a pas lieu d'examiner ici[1]. On adopte les solutions suivantes, considérées comme classiques: Marc est le plus ancien des évangiles canoniques[2]; Matthieu a connu Marc, et cela sans doute sous sa forme actuel-

---

[1] Sur la question synoptique, voir R. BULTMANN, Die Geschichte der synoptischen Tradition, 7e éd., Göttingen 1967 (la péricope du Jourdain: p. 263-270) et Ergänzungsheft, 3e éd., Göttingen 1966 (FRLANT 29); sur la relation de Jean avec les trois premiers évangiles, voir J. BLINZLER, Johannes und die Synoptiker, Ein Forschungsbericht, Stuttgart 1965 (SBS 5).

[2] Sur Marc, une étude: E. TROCMÉ, La formation de l'Evangile selon Marc, Paris 1963 (EHPR 57); quelques commentaires: E. LOHMEYER et G. SASS, Das Evangelium des Markus, 16e éd., et Ergänzungsheft, 2e éd., Göttingen 1963 (KEKNT 1, 2); V. TAYLOR, The Gospel according to St Mark, The Greek text with introduction, notes and indexes, Londres 1952; E. HAENCHEN, Der Weg Jesu, Eine Erklärung des Markus-Evangeliums und der kanonischen Parallelen, 2e éd., Berlin 1968.

le[1]; <u>Luc</u>, indépendamment de <u>Matthieu</u>, a utilisé aussi le <u>2e
Evangile</u>, mais peut-être dans une version plus primitive[2]; les
<u>Actes</u> sont la suite de <u>Luc</u>, et donc l'oeuvre du même auteur[3];
<u>Jean</u>, enfin, présuppose de quelque manière la tradition synoptique[4].

---

[1] Sur <u>Matthieu</u>, une étude: K. STENDAHL, <u>The school of St Matthew
and its use of the Old Testament</u>, Upsal 1954 (ASNTU 20), voir
surtout p. 9-35; quelques commentaires: M.-J. LAGRANGE, <u>Evangile
selon saint Matthieu</u>, 6e éd., Paris 1941 (EB); E. LOHMEYER et W.
SCHMAUCH, <u>Das Evangelium des Matthäus</u>, 3e éd., Göttingen 1962
(KEKNT); P. BONNARD, <u>L'Evangile selon saint Matthieu</u>, Neuchâtel
1963 (CNT 1).
[2] Sur <u>Luc</u>, une étude: H. CONZELMANN, <u>Die Mitte der Zeit</u>, <u>Studien
zur Theologie des Lukas</u>, 4e éd., Tübingen 1962 (BHT 17); quelques commentaires: M.-J. LAGRANGE, <u>Evangile selon saint Luc</u>, 5e
éd., Paris 1941 (EB); W. GRUNDMANN, <u>Das Evangelium nach Lukas</u>,
2e éd., Berlin 1963 (THKNT 3); H. SCHUERMANN, <u>Das Lukasevangelium, 1. Teil, Kommentar zu Kap. 1, 1 - 9, 50</u>, Freiburg im
Breisgau 1969 (HTKNT 3, 1).
[3] Sur les <u>Actes</u>, une étude: E. TROCMÉ, <u>Le "Livre des actes" et
l'histoire</u>, Paris 1957 (EHPR 45); quelques commentaires: E.
HAENCHEN, <u>Die Apostelgeschichte</u>, 14e éd., Göttingen 1965 (KEKNT
3); G. STAEHLIN, <u>Die Apostelgeschichte</u>, 10e éd., Göttingen 1962
(NTD 5); H. CONZELMANN, <u>Die Apostelgeschichte</u>, Tübingen 1963
(HNT 7).
[4] Sur <u>Jean</u>, une étude: C. H. DODD, <u>The interpretation of the
fourth gospel</u>, Cambridge 1953; quelques commentaires: R. BULTMANN, <u>Das Evangelium des Johannes</u>, 18e éd., et <u>Ergänzungsheft</u>,
nouv. éd., Göttingen 1964 (KEKNT 2); R. SCHNACKENBURG, <u>Das Johannesevangelium, 1. Teil, Einleitung und Kommentar zu Kap. 1-4</u>,
Freiburg im Breisgau 1965 (HTKNT 4, 1); R. E. BROWN, <u>The Gospel
according to John (1-12), Introduction, translation and notes</u>,
New York 1966 (AnchBib 29).

MARC (vers 70?)

La péricope du baptême de Jésus se situe dans <u>Marc</u> entre la notice sur Jean-Baptiste et le récit de la tentation au désert. Cette succession, reprise d'ailleurs par <u>Matthieu</u>, est ambiguë. Plus significative est la place réservée à l'événement du Jourdain dans l'ensemble du <u>2e Evangile</u>: il coïncide avec la toute première entrée en scène de Jésus et constitue l'acte initial de sa vie de Messie; bref, c'est l'un des éléments du "commencement de l'Evangile" (<u>Mc</u> 1, 1). On peut donc dire a priori que le baptême de Jésus a pour <u>Marc</u> une importance certaine; l'étude du texte doit permettre de préciser en quoi:

> "Il arriva qu'en ces jours-là Jésus vint de Nazareth en Galilée et qu'il fut baptisé dans le Jourdain par Jean. A l'instant où il remontait de l'eau, il vit les cieux se déchirer et l'Esprit, comme une colombe, descendre en lui; et une voix venant des cieux: "Tu es mon Fils bien-aimé, en toi je me suis complu"."[1]

Ce qui frappe dans cette relation, c'est qu'elle minimise l'immersion proprement dite et valorise les prodiges exceptionnels qui la suivent. Rien n'est dit de la motivation ni de la signification de la démarche de Jésus. Ainsi le plus ancien témoignage sur la scène du Jourdain révèle déjà une réticence à l'égard de son aspect rituel. Cela s'explique aisément par le souci de préserver l'indépendance de Jésus envers Jean et par le désir de soustraire le Christ à la nécessité d'un acte de repentance. Les traits essentiels sont donc l'ouverture du ciel, la descente de l'Esprit et la voix céleste. Tous les trois indiquent une théophanie, au sens strict du terme; le fait que Dieu lui-même ne soit pas nommé, mais seulement évoqué par certains de ses attributs, est conforme au langage euphémique du judaïsme contemporain. Toutes ces manifestations concernent uniquement Jésus: c'est lui qui est le sujet de la vision et c'est à lui que s'adresse la voix; qui plus est, la scène ne suppose aucun

---

[1] <u>Mc</u> 1, 9-11; éd. Eb. NESTLE, etc., <u>Novum Testamentum graece</u>, 25e éd., Stuttgart 1963, p. 84-85.

autre témoin actif. Cependant, si le sens général de ces miracles est clair, leur signification précise ne l'est pas, tout au moins en ce qui concerne les deux premiers. Le "déchirement" des cieux (Mc 1, 10) est une image rare, et on a supposé qu'elle faisait allusion au voeu d'Es. 63, 19 (64, 1) ("Ah! si tu déchirais les cieux...")[1]; mais c'est peu probable: d'une part l'expression ne se trouve que dans le texte massorétique, et d'autre part il serait étonnant que les deux autres synoptiques, qui parlent seulement d'"ouverture" (Mt. 3, 16; Lc 3, 21), aient supprimé une référence scripturaire. L'imitation des scènes de vocation prophétique n'est pas non plus certaine: la trouée céleste qu'elles rapportent parfois a une autre fonction, celle de faire découvrir à l'appelé les réalités d'en haut[2]. La descente de l'Esprit (Mc 1, 10) est vraisemblablement à comprendre comme l'accomplissement d'un oracle; mais duquel? La mention de la colombe, qui pourrait l'expliquer, est une crux interpretum[3]; il faut noter à ce propos que ce n'est sans doute pas l'oiseau lui-même, mais simplement son vol qui est le terme de la comparaison: on ne se représente guère autrement la venue de cette puissance en Jésus (selon le sens normal de la préposition "$\varepsilon\iota\varsigma$"). Quant à la parole divine (Mc 1, 11), elle est sûrement composée de réminiscences de prédictions messianiques; c'est là la véritable importance du baptême du Jourdain: le prophète de Nazareth y reçoit une attestation de messianité destinée à justifier son ministère ultérieur. Toutefois, la nuance christologique exacte de la déclaration céleste dépend de celle des textes bibliques qu'on y décèle[4].

Peut-on, au terme de cette analyse, restituer une exégèse du baptême du Christ plus ancienne que celle de l'évangéliste? Le récit de la scène ne remonte certainement pas, même dans ses grandes lignes, à Jésus lui-même: si tel était le cas, il aurait

---

[1] Cf. I. BUSE, "The Markan account of the baptism of Jesus and Isaiah 63", JTS2 7 (1956), p. 74-75; l'auteur signale d'autres parallèles possibles entre Es. 63 et Mc 1, 9-11.
[2] Voir par exemple Ez. 1.
[3] Cf. appendice D, p. 129-130.
[4] Cf. appendice E, p. 131-132.

nécessairement pris la forme d'un logion; il n'est pas non plus, dans son ensemble, l'oeuvre de Marc: il serait plus net et plus explicite, notamment sur les deux premiers prodiges. Il est plausible que l'évangéliste doit à la tradition, outre la connaissance de l'événement et le rapport sur ses circonstances de temps et de lieu (Mc 1, 9), la narration de la double vision du Christ (Mc 1, 10); on peut du reste douter qu'il ait compris la valeur originelle de l'ouverture du ciel, de la descente de l'Esprit et de la comparaison de la colombe. Par contre il se pourrait bien qu'il soit l'auteur du passage sur la voix céleste (Mc 1, 11): la construction abrupte de la phrase[1] et l'instabilité textuelle de la parole[2] semblent des indices valables; la teneur du message divin proviendrait de celui de la Transfiguration (Mc 9, 7), qui, lui, repose sans doute sur des témoignages apostoliques[3]. Ainsi le principal, ou même le seul élément de la péricope du baptême susceptible d'une réelle interprétation n'appartiendrait pas à la tradition présynoptique.

Marc mentionne par ailleurs un autre "baptême" du Christ. C'est Jésus lui-même qui en aurait parlé dans un dialogue avec deux de ses apôtres:

> "Jacques et Jean, les fils de Zébédée, s'approchent de lui (Jésus) et lui disent: "Maître, nous désirons que tu fasses pour nous ce que nous allons te demander". Il leur dit: "Que désirez-vous que je fasse pour vous?". Ils lui dirent: "Accorde-nous de siéger dans ta gloire l'un à ta droite et l'autre à ta gau-

---

[1] On attendrait une liaison ($\mathrm{\iota\delta o\acute{u}}$), un accusatif ($\varphi\omega\nu\acute{\eta}\nu$) ou un verbe ($\mathrm{\dot{\varepsilon}\gamma\acute{\varepsilon}\nu\varepsilon\tau o}$).

[2] Voir Mt. 3, 17, Lc 3, 22, Jn 1, 34 et leurs variantes; ce dernier texte conteste peut-être même l'historicité du fait: cf. infra, p. 18, n. 1.

[3] La similitude des deux voix célestes est indiscutable: elle a déjà été ressentie par 2 P. 1, 16-18, si toutefois il y a bien une lointaine allusion au baptême du Jourdain dans 2 P. 1, 17; sur ce point, voir E. TROCMÉ, La formation de l'Evangile selon Marc, Paris 1963 (EHPR 57), p. 46, n. 171.

che". Jésus leur dit: "Vous ne savez pas ce que vous
demandez; pouvez-vous boire la coupe que je bois ou
être baptisés du baptême dont je suis baptisé?". Ils
lui dirent: "Nous le pouvons". Jésus leur dit: "La
coupe que je bois, vous la boirez, et le baptême dont
je suis baptisé, vous en serez baptisés; quant à sié-
ger à ma droite ou à ma gauche, il ne m'appartient pas
de l'accorder: ce sera donné à ceux pour qui cela est
préparé"."[1]

La pointe de la péricope est la suivante: le chemin de la
glorification passe par la mort[2]. Dans un tel cadre, ce baptême
ne peut avoir qu'un sens figuré. Le parallélisme de la coupe dé-
termine sans ambiguïté lequel. Celle-ci est en effet l'un des
symboles traditionnels de l'épreuve et de la souffrance[3]. Il
s'agit donc d'une double allusion à la Passion[4]. La métaphore du
baptême s'explique par l'acception non technique du terme βάπτισμα (la mort étant une "submersion"), mais également par la
valeur purificatoire du rite (le martyre procurant aussi la rémission des péchés). L'image a néanmoins dû paraître un peu bi-
zarre: elle a été supprimée dans le passage correspondant de
Matthieu (Mt. 20, 20-23) et atténuée dans celui de Luc (Lc 12,
49-50)[5]; en dehors de ce dernier texte, elle ne joue du reste
presque aucun rôle dans l'histoire de l'exégèse des deux premiers siècles.

Le logion a-t-il eu antérieurement une autre signification?
Sa formulation au présent ("πίνω", "βαπτίζομαι") ne convient pas

---

[1] Mc 10, 35-40; éd. Eb. NESTLE, etc., ibid., p. 116.
[2] L'idée est quasi johannique: cf. D. HILL, "The request of Ze-
bedee's sons and the Johannine δόξα-theme", NTS 13 (1966-1967),
p. 281-285.
[3] Voir surtout Mt. 26, 39; Mc 14, 36; Lc 22, 42; cf. Jn 18, 11.
[4] Cf. G. DELLING, "Βάπτισμα βαπτισθῆναι", NovTest 2 (1958), p.
92-115 et A. FEUILLET, "La coupe et le baptême de la Passion (Mc
10, 35-40; cf. Mt. 20, 20-23; Lc 12, 50)", RevBib 74 (1967), p.
356-391.
[5] Cf. infra, p. 16.

au contexte, et celui-ci n'est certainement pas primitif. Mais
en isolant la parole, on la rend peu compréhensible. On peut
seulement dire qu'elle visait sans doute originellement la coupe
de la Cène et le baptême du Jourdain. Il faut peut-être supposer
qu'elle a été créée par la communauté pour légitimer la pratique
du baptême et l'usage du vin dans l'eucharistie, qui pouvaient
sembler avoir été réprouvés par Jésus[1].

MATTHIEU (vers 80?)

Matthieu fait précéder son récit du baptême de Jésus d'un
cycle de l'enfance (Mt. 1-2) et de l'affirmation de la conception virginale par l'Esprit (Mt. 1, 18-25), ce qui réduit nécessairement la portée de l'événement. Ce dernier reste toutefois
le fait inaugural du ministère du Christ. L'évangéliste suit en
gros le texte et l'exégèse de Marc[2]:

> "Alors survient Jésus, venant de Galilée au Jour-
> dain vers Jean pour être baptisé par lui. Celui-ci
> l'en empêchait en disant: "C'est moi qui ai besoin
> d'être baptisé par toi, et c'est toi qui viens vers
> moi!". Jésus lui répondit: "Laisse faire pour le mo-
> ment: car c'est ainsi qu'il nous convient d'accomplir
> toute justice". Alors Jean le laisse faire. Dès l'ins-
> tant où il fut baptisé, Jésus remonta de l'eau. Et
> voici que les cieux s'ouvrirent, et il vit l'Esprit de
> Dieu descendre, comme une colombe, et venir sur lui;
> et voici qu'une voix venant des cieux disait: "Celui-
> ci est mon Fils bien-aimé, celui en qui je me suis

---

[1] Voir G. BRAUMANN, "Leidenskelch und Todestaufe (Mc 10, 38 f.)", ZNTW 56 (1965), p. 178-183.
[2] Cf. supra, p. 6-8.

complu"."[1]

La principale originalité de cette version de la scène du Jourdain est bien sûr l'échange verbal entre le Baptiste et le baptisé (Mt. 3, 14-15). Ce dialogue est manifestement une addition apologétique destinée à résoudre les deux problèmes posés par la subordination de Jésus à Jean et par son apparente purification. Il détruit dans une certaine mesure l'unité de sens du morceau, d'une part en présupposant que le Précurseur connaît déjà ou reconnaît d'emblée le Christ, d'autre part en introduisant de façon anticipée l'explication adventice de la "justice": l'intervention de la voix céleste n'apparaît plus dès lors aussi clairement comme le point culminant de la péricope[2]. La protestation de Jean-Baptiste (Mt. 3, 14) n'est pas à attribuer seulement à son humilité personnelle, mais aussi à une raison extérieure: il y a, selon la terminologie baptismale - ici anachronique - de l'Eglise primitive, un "empêchement" à procéder valablement au rite[3]. La réponse du Christ (Mt. 3, 15) est assez énigmatique; dans la perspective matthéenne, "accomplir toute justice" doit signifier de quelque manière parfaire toutes les institutions établies par Dieu[4]: d'après ce passage, Jésus aurait donc voulu par son initiative recueillir le baptême de Jean

---

[1] Mt. 3, 13-17; éd. Eb. NESTLE, etc., Novum Testamentum graece, 25e éd., Stuttgart 1963, p. 6.

[2] Le libellé de la parole divine à la troisième personne dénote une tendance objectivante: les destinataires de la révélation de la messianité de Jésus ne sont plus uniquement les lecteurs et les auditeurs de l'Evangile, mais déjà les témoins supposés de l'événement originel.

[3] Là-dessus, et en particulier sur l'acception technique de κωλύειν, voir O. CULLMANN, "Les traces d'une vieille formule baptismale dans le Nouveau Testament", RHPR 17 (1937), p. 424-434.

[4] Cf. Mt. 5, 17.20; sur la valeur téléologique de πληροῦν, voir C. F. D. MOULE, "Fulfilment-words in the New Testament: use and abuse", NTS 14 (1967-1968), p. 293-320.

et en faire un élément chrétien[1]. Enfin, il faut signaler par ailleurs que certains manuscrits de Matthieu mentionnent l'apparition d'une lumière surnaturelle pendant l'immersion du Christ (Mt. 3, 15)[2].

LUC ET LES ACTES (vers 80?)

L'auteur des deux livres dédicacés à Théophile offre, en plus du récit du baptême de Jésus, quatre allusions à l'événement, ce qui est relativement beaucoup. Mais, s'il en fait, avec les autres synoptiques, la première manifestation publique de la carrière du Christ, il ne lui accorde pas pour autant une importance primordiale; comme Matthieu, il le subordonne d'ailleurs à un cycle de l'enfance (Lc 1-2) et à la conception virginale par l'Esprit (Lc 1, 26-38). Sa narration et son interprétation reposent dans l'ensemble sur celles de Marc[3]:

> "Il arriva que, quand tout le peuple eut été baptisé, alors que Jésus, baptisé lui aussi, était en prière, le ciel s'ouvrit, que l'Esprit saint descendit sur lui sous une forme corporelle, comme une colombe, et qu'une voix vint du ciel: "Tu es mon Fils, je t'ai engendré aujourd'hui". Et Jésus, à ses débuts, avait

---

[1] Cf. A. FRIDRICHSEN, ""Accomplir toute justice", La rencontre de Jésus et du Baptiste (Mt. 3, 15)", dans Jubilé A. Loisy, Congrès d'histoire du christianisme, vol. 1, Paris et Amsterdam 1928 (AHC), p. 167-177; voir aussi O. EISSFELDT, "Πληρῶσαι πᾶσαν δικαιοσύνην in Matthäus 3, 15", ZNTW 61 (1970), p. 209-215.
[2] Sur le sens de ce détail, voir appendice C, p. 129.
[3] Cf. supra, p. 6-8.

environ trente ans..."[1]

La tendance à escamoter le baptême lui-même pour ne faire ressortir que ses circonstances extraordinaires est particulièrement visible ici: l'action de Jésus est rejetée dans un temps antérieur à celui du récit, tout en étant chronologiquement dissociée de celle des autres juifs (selon le sens probable de l'expression "ἐν τῷ βαπτισθῆναι"); et surtout, et ceci ne sera jamais trop souligné, le personnage de Jean-Baptiste est purement et simplement supprimé[2]. L'accent est donc mis sur les signes de la relation personnelle du Christ avec Dieu, et notamment sur la voix céleste: pendant sa prière[3], Jésus est confirmé dans sa qualité de Messie et légitimé à l'avance comme Sauveur; la parole divine se présente en effet comme l'accomplissement de l'oracle traditionnellement messianique de Ps. 2, 7 ("Le Seigneur m'a dit: "Tu es mon Fils, je t'ai engendré aujourd'hui"")[4].

---

[1] Lc 3, 21-23; éd. Eb. NESTLE, etc., Novum Testamentum graece, 25e éd., Stuttgart 1963, p. 149-150. - L'indication de l'âge du Christ (Lc 3, 23), propre à Luc, n'appartient pas en fait à cette péricope, mais à la suivante, relative à la généalogie de Jésus (Lc 3, 23-38); elle a été cependant rapportée par tous les commentateurs anciens au moment du baptême: cf. appendice F, p. 132-133.

[2] Luc vient de préciser qu'il a été mis en prison (Lc 3, 19-20; comparer Lc 4, 14-15 avec Mc 1, 14-15); voir aussi Ac. 10, 37-38 ("...après le baptême annoncé par Jean...Dieu l'(Jésus)a oint d'Esprit saint..."; cf. infra, p. 15).

[3] Ce détail est à imputer à Luc, comme le montre le rapprochement de Lc 6, 12; 9, 18.28-29; 11, 1 avec les textes parallèles.

[4] Cette formule n'implique aucunement un sens adoptianiste: cf. M.-A. CHEVALLIER, L'Esprit et le Messie dans le bas-judaïsme et le Nouveau Testament, Paris 1958 (EHPR 49), p. 66, n. 3. - Selon la plupart des manuscrits, il est vrai, la déclaration de Lc 3, 22 ne serait pas celle de Ps. 2, 7, mais celle de Mc 1, 11 ("Tu es mon Fils bien-aimé, en toi je me suis complu"); la leçon retenue est incontestablement la lectio difficilior, ce qui la rend préférable malgré son support textuel un peu faible: cf. appendice E, p. 131-132.

On doit noter d'autre part que Luc objective la descente de l'Esprit en éliminant la notion de vision et en matérialisant la colombe de la comparaison.

La première allusion à l'événement du Jourdain est placée dans la bouche de Pierre; l'apôtre expose à la communauté, réunie à Jérusalem après l'Ascension, la nécessité de désigner un successeur au traître Judas pour compléter le groupe des Douze:

> "Il faut donc que, parmi les hommes qui nous ont accompagnés durant tout le temps où le Seigneur Jésus a marché à notre tête, à commencer par le baptême de Jean jusqu'au jour où il nous a été enlevé, il y en ait un qui devienne avec nous témoin de sa résurrection."[1]

Le seul intérêt de ce passage est de rappeler que le baptême de Jésus est considéré par l'évangéliste comme le point de départ de son activité, et plus précisément de son enseignement.

Les trois autres allusions sont des mentions d'une "onction" reçue par Jésus. Il s'agit certainement d'une interprétation de la scène du Jourdain[2]. Selon un premier passage, le Christ lui-même, lors de sa prédication inaugurale, se serait qualifié d'oint; la proximité de ce texte avec celui du baptême et la référence à l'Esprit ne laissent aucun doute sur l'allusion:

> "Il (Jésus) vint à Nazara où il avait été élevé, entra selon sa coutume le jour du sabbat dans la synagogue et se leva pour faire la lecture. On lui présenta le livre du prophète Esaïe; il l'ouvrit et trouva le passage où il était écrit: "L'Esprit du Seigneur est sur moi, parce qu'il m'a oint pour porter la bonne nouvelle aux pauvres; il m'a envoyé annoncer aux captifs la délivrance et aux aveugles le retour à la vue, renvoyer les opprimés délivrés et annoncer une année

---

[1] Ac. 1, 21-22; éd. Eb. NESTLE, etc., ibid., p. 299.
[2] Cf. I. DE LA POTTERIE, "L'onction du Christ, Etude de théologie biblique", NRT 80 (1958), p. 225-252.

de grâce du Seigneur"[1]. Il replia le livre, le rendit
au servant et s'assit; et tous dans la synagogue
avaient les yeux fixés sur lui. Alors il se mit à leur
dire: "Aujourd'hui est accompli ce passage de l'Ecriture que vous entendez"."[2]

D'après un deuxième texte, Pierre, dans son discours chez
Corneille, aurait lui aussi parlé de cette onction; l'indication
que celle-ci est spirituelle et le rappel du baptême de Jean
rendent également l'allusion sûre:

"Pierre ouvrit la bouche et dit: "... Vous savez
ce qui s'est passé dans toute la Judée, à commencer
par la Galilée, après le baptême annoncé par Jean: Jésus de Nazareth, - comment Dieu l'a oint d'Esprit
saint et de puissance...""[3]

Selon le dernier passage, c'est dans une prière collective
de la communauté persécutée que Jésus aurait été désigné comme
l'oint de Dieu; cette fois-ci l'allusion ne peut être prouvée,
elle est seulement rendue extrêmement vraisemblable par celles
des deux textes précédents:

"...unanimement, ils firent monter leur voix vers
Dieu en ces termes: "Maître, c'est toi qui as fait le
ciel, la terre, la mer et tout ce qui s'y trouve,
c'est toi qui as mis par l'Esprit saint ces paroles
dans la bouche de ton serviteur David, notre père:
"Pourquoi les nations ont-elles grondé et les peuples
ont-ils conçu de vains projets? Les rois de la terre
se sont rejoints et les chefs se sont coalisés tous

---

[1] Es. 61, 1-2; 58, 6.
[2] Lc 4, 16-21; éd. Eb. NESTLE, etc., ibid., p. 151-152. - Sur ce morceau, voir J. BAJARD, "La structure de la péricope de Nazareth en Lc 4, 16-30, Propositions pour une lecture plus cohérente", ETL 45 (1969), p. 165-171 et D. HILL, "The rejection of Jesus at Nazareth (Luke 4, 16-30)", NovTest 13 (1971), p. 161-180.
[3] Ac. 10, 34.37-38; éd. Eb. NESTLE, etc., ibid., p. 330. - Sur ce développement, voir U. WILCKENS, "Kerygma und Evangelium bei Lukas (Beobachtungen zu Acta 10, 34-43)", ZNTW 49 (1958), p. 223-237.

ensemble contre le Seigneur et contre son oint"[1]. Oui, ils se sont vraiment coalisés dans cette ville contre ton saint serviteur Jésus que tu as oint, Hérode et Ponce Pilate avec les nations païennes et les peuples d'Israël, pour faire tout ce que ta main et ta volonté ont déterminé par avance"."[2]

Cette exégèse de l'onction est propre à l'évangéliste[3]. Elle constitue une explication secondaire et indatable de la messianité de Jésus. Celui-ci n'ayant jamais été oint d'huile comme les rois d'Israël, il fallait en effet chercher une justification de son titre de Christ; l'oracle d'Es. 61, 1, qui réunit les notions d'Esprit et d'onction, permettait de la trouver dans le baptême du Jourdain[4].

Pour être complet, il faut ajouter que Luc connaît aussi un autre "baptême" de Jésus, celui qui est déjà rapporté par Marc[5]. L'évangéliste n'a toutefois pas reproduit le cadre narratif formé par la requête des fils de Zébédée, et n'a retenu qu'une version très résumée du logion:

"C'est un feu que je suis venu jeter sur la terre, et que je désirerais qu'il soit déjà allumé! C'est un baptême dont je dois être baptisé, et comme je suis pressé jusqu'à ce qu'il soit accompli!"[6]

L'image de la coupe a été remplacée par celle du feu, qui évoque le temps eschatologique et qui ne supprime donc pas l'allusion à la Passion, considérée comme l'ultime témoignage du Christ. Cependant le but de la parole n'est plus de souligner la nécessité de l'abaissement de la mort, mais seulement d'exprimer la hâte de la consommation du salut.

---

[1] Ps. 2, 1-2.
[2] Ac. 4, 24-28; éd. Eb. NESTLE, etc., ibid., p. 308-309.
[3] La seule autre mention néotestamentaire d'une onction du Christ (Hé. 1, 9 citant Ps. 45 (44), 8) ne peut que concerner sa préexistence.
[4] Voir M.-A. CHEVALLIER, ibid., p. 74-83.
[5] Cf. supra, p. 8-10.
[6] Lc 12, 49-50; éd. Eb. NESTLE, etc., ibid., p. 189.

JEAN (vers 90?)

L'évangéliste ne raconte pas à proprement parler le baptême de Jésus; selon une méthode dont il use parfois, il le suppose connu et se contente de le rappeler et de l'interpréter. En effet, lors de la première apparition du Christ, le deuxième jour de la semaine inaugurale johannique (Jn 1, 19 à 2, 11), c'est un événement antérieur que Jean-Baptiste évoque et explique:

> "Le lendemain, il (Jean) voit Jésus venir vers lui et il dit: "Voici l'agneau de Dieu qui enlève le péché du monde; c'est de lui que j'ai dit: "Après moi vient un homme qui m'a devancé, parce qu'il m'était préexistant". Moi-même je ne le connaissais pas, mais c'est pour qu'il soit manifesté à Israël que je suis venu baptiser d'eau". Et Jean témoigna en ces termes: "J'ai vu l'Esprit descendre - comme une colombe - du ciel, et il demeura sur lui. Moi-même je ne le connaissais pas, mais celui qui m'a envoyé baptiser d'eau m'avait dit: "Celui sur qui tu verras l'Esprit descendre et demeurer, c'est lui qui baptise d'Esprit saint". Moi-même j'ai vu et j'ai témoigné que c'est lui l'élu de Dieu"."[1]

On considère souvent que la péricope est en mauvais état et qu'il faut en éliminer les répétitions et en rétablir l'ordre par un travail de critique littéraire assez radical[2]; c'est très possible, mais nullement contraignant: elle présente telle quelle un sens satisfaisant, et ses méandres peuvent ne résulter que du style travaillé de l'évangéliste. On doit alors distinguer au moins quatre temps successifs: tout d'abord, une époque où Jean ne connaissait pas Jésus mais savait par révélation comment il

---

[1] Jn 1, 29-34; éd. Eb. NESTLE, etc., Novum Testamentum graece, 25e éd., Stuttgart 1963, p. 232.
[2] Cf. par exemple B. M. F. VAN IERSEL, "Tradition und Redaktion in Joh. 1, 19-36", NovTest 5 (1962), p. 245-267; voir aussi M.-E. BOISMARD, "Les traditions johanniques concernant le Baptiste", RevBib 70 (1963), p. 5-42.

l'identifierait parmi ses néophytes (Jn 1, 31.33); en deuxième lieu, le moment même du baptême (non décrit); ensuite, une période où Jean témoignait à mots couverts (Jn 1, 30); enfin, le temps du récit où, à nouveau en présence du Messie, il le désigne clairement et dévoile l'indice qui le lui a fait reconnaître (Jn 1, 29.32.34).

L'exégèse de Jean est antithétique, ce morceau en est un bon exemple. Le paradoxe du Messie impeccable se soumettant au rite du Précurseur est volontairement souligné par de multiples oppositions entre la sphère du signe et celle du sens: que le Jésus historique ait reçu, naguère, face à Israël, le baptême d'eau pour le pardon des péchés particuliers signifie que le Christ de la foi donne, aujourd'hui, dans l'Eglise, un baptême d'Esprit pour la suppression du péché cosmique. L'élément fondamental de l'événement du Jourdain est en effet la venue de l'Esprit: l'évangéliste ne parle pas de l'ouverture du ciel et il supprime sans doute la déclaration céleste[1]; il insiste par contre sur la descente et l'arrêt de la puissance divine sur Jésus, qui constituent ensemble le signe annoncé par Dieu (Jn 1, 33) et reconnu par Jean (Jn 1, 32) et la condition de l'effusion spirituelle ultérieure faite par le Christ sur son Eglise[2]. La principale conséquence du baptême de Jésus est donc la délivrance du

---

[1] Elle n'est ni prédite par Dieu ni racontée par Jean; son contenu ("C'est lui l'élu de Dieu" (Es. 42, 1) ou, selon le texte reçu, "C'est lui le Fils de Dieu") est certes repris (Jn 1, 34), mais attribué apparemment au seul Baptiste, ce qui pourrait être une modification intentionnelle (il faudrait alors traduire: "...c'est moi qui ai témoigné que c'est lui, etc.").

[2] Le détail propre à Jean, selon lequel l'Esprit demeure sur le baptisé, introduit - ou précise - probablement une allusion à la prophétie d'Es. 11, 2 ("Sur lui reposera l'Esprit de Dieu..."): cf. J. HEISE, Bleiben, "Menein" in den johanneischen Schriften, Tübingen 1967 (HUT 8), p. 61-63. - Quant à la colombe, elle est mentionnée dans le récit, mais non dans la prédiction, et l'on peut penser qu'elle a été ajoutée plus tard dans un souci d'harmonisation avec les synoptiques; pour une explication de son éventuelle omission par Jean, voir infra, p. 129-130.

péché: c'est la raison pour laquelle le Messie est désigné comme l'"agneau de Dieu" (<u>Jn</u> 1, 29; cf. 1, 36)[1]; l'expression se réfère sans doute simultanément, selon un jeu de sens bien johannique, à l'agneau pascal (<u>Ex</u>. 12, 1-28) et au "serviteur du Seigneur" (<u>Es</u>. 52, 13 à 53, 12), et cela d'autant plus vraisemblablement que son substrat araméen (ṭly' d'lh') peut rendre les deux notions[2].

Les quatre évangélistes sont donc à peu près d'accord sur l'importance et sur la fonction du baptême de Jésus. Il n'a pas de valeur fondamentale en lui-même, mais seulement par les prodiges exceptionnels dont il est l'occasion. Ceux-ci sont toutefois d'autant plus significatifs que la scène du Jourdain est le cadre de la première manifestation du Christ adulte. Ils expriment essentiellement la portée messianique de l'oeuvre de Jésus, et constituent donc une explication liminaire de son action. Cette interprétation est sans doute secondaire dans la mesure où elle suppose un agencement des matériaux évangéliques en histoire du salut. <u>Marc</u> la fait apparaître pour ainsi dire à l'état brut. <u>Luc</u> et les <u>Actes</u> lui ajoutent une réflexion sur le sens du titre de Christ. <u>Matthieu</u> l'embrouille par un thème apologétique incident. <u>Jean</u> la dépasse en se situant sur le plan de la vie de l'Eglise. Par ailleurs, il est peut-être intéressant de rappeler qu'on note chez les synoptiques une transformation progressive

---

[1] Sur ce titre christologique, voir C. K. BARRETT, "The Lamb of God", <u>NTS</u> 1 (1954-1955), p. 210-218; I. DE LA POTTERIE, "Ecco l'Agnello di Dio", <u>BibbOr</u> 1 (1959), p. 161-169; F. GRYGLEWICZ, "Das Lamm Gottes", <u>NTS</u> 13 (1966-1967), p. 133-146.
[2] Cf. O. CULLMANN, <u>Christologie du Nouveau Testament</u>, Neuchâtel 1958 (BThéologique), p. 64-66; cette rétroversion vient cependant d'être contestée: voir A. NEGOITSA et C. DANIEL, "L'agneau de Dieu est le Verbe de Dieu (Ad Jo. 1, 29 et 36)", <u>NovTest</u> 13 (1971), p. 24-37.

du _kérygme_ en légende et sans doute une réaction contre cette tendance dans le _4e Evangile_. _Marc_ semble bien en effet avoir introduit la voix céleste dans le récit événementiel. _Matthieu_ accentue encore en un certain sens l'extériorité de la parole divine. _Luc_ objective très nettement la descente de l'Esprit. _Jean_ viserait à l'inverse à rétablir l'exactitude historique, s'il est vrai qu'il supprime la déclaration d'en haut et qu'il faisait de même disparaître la colombe.

CHAPITRE DEUX

LES SYRIENS[1]

Ce chapitre groupe quatre notices qui peuvent sembler disparates: les <u>Odes de Salomon</u>, Ignace d'Antioche, Tatien le Syrien et les interpolations des <u>Testaments des douze patriarches</u>. Il faut donc indiquer comment on peut en concevoir l'unité.

Ignace, en tant qu'évêque d'Antioche, appartient bien évidemment au christianisme syrien. Cependant on pense généralement que la conjoncture théologique qu'il décrit dans ses lettres est celle des églises asiates auxquelles il s'adresse. Ce n'est pas du tout certain. Les hérétiques anonymes qu'il dénonce sans cesse à ses divers correspondants ne sont ni particularisés ni différenciés, ce qui porte à croire qu'Ignace érige en type une même expérience, et ce sont tous des gnostiques judaïsants, ce qui permet de supposer qu'il transpose en partie la situation d'Antioche, patrie désignée de tels sectaires[2].

Les <u>Odes de Salomon</u> sont, on le sait, très difficiles à caractériser. Aucun accord n'a pu se faire sur leur milieu d'ori-

---

[1] Il y a une interférence apparente entre ce chapitre et le suivant, réservé aux judéo-chrétiens, et dont telle ou telle notice peut concerner un écrit originaire de Syrie. Leur spécificité réelle est d'ordre doctrinal et non géographique: sur cette opposition du christianisme "syro-palestinien" et du judéo-christianisme <u>stricto sensu</u>, voir <u>Aspects du judéo-christianisme, Colloque de Strasbourg, 23-25 avril 1964</u>, Paris 1965 (BCESS), p. 181-185 et M. SIMON et A. BENOÎT, <u>Le judaïsme et le christianisme antique d'Antiochus Epiphane à Constantin</u>, Paris 1968 (NC 10), p. 272-274.
[2] Voir l'analyse de la question dans l'article d'E. MOLLAND, "The heretics combatted by Ignatius of Antioch", <u>JEH</u> 5 (1954), p. 1-6.

gine; les hypothèses les plus plausibles les rattachent soit à Edesse[1], soit à Qoumrân[2], soit au mandéisme[3]. Ce n'est pas l'occasion d'en discuter, et mieux vaut tenter de situer l'oeuvre par ses utilisateurs. Or il faut sans doute justement compter parmi eux les gnostiques judaïsants attaqués par Ignace: les points de contact (emprunts et critiques) entre les lettres de l'évêque d'Antioche et les Odes de Salomon sont en effet peu récusables, comme on l'a souvent souligné[4].

Tatien est un personnage controversé. Cela n'est pas nouveau: de son temps déjà, Irénée, en Occident, le considère comme hérétique, tandis que son Diatessaron, en Orient, est en passe de supplanter les évangiles. Actuellement, on décèle dans son oeuvre les influences variées du moyen-platonisme, du valentinisme, du judéo-christianisme, de l'encratisme[5], voire du marcionisme[6]. Mais le fait qu'il ait été célébré dans sa patrie, et là seulement, indique bien qu'il est avant tout représentatif du christianisme de Syrie orientale et de ses particularismes.

Les Testaments des douze patriarches posent un problème spécial. On doit estimer que le caractère essénien de l'oeuvre

---

[1] Cf. par exemple H. J. W. DRIJVERS, "Edessa und das jüdische Christentum", VigChr 24 (1970), p. 4-33, voir p. 13-16.
[2] Cf. J. CARMIGNAC, "Un Qumrânien converti au christianisme: l'auteur des Odes de Salomon", dans Qumran-Probleme, Vorträge... herausgegeben von H. Bardtke, Berlin 1963 (DAWBSSAW 42), p. 75-108 et J. H. CHARLESWORTH, "Les Odes de Salomon et les manuscrits de la mer Morte", RevBib 77 (1970), p. 522-549.
[3] Cf. K. RUDOLPH, "War der Verfasser der Oden Salomos ein "Qumran-Christ"?, Ein Beitrag zur Diskussion um die Anfänge der Gnosis", RQum 4 (1963-1964), p. 523-555.
[4] Voir par exemple L. GOPPELT, Les origines de l'Eglise, Christianisme et judaïsme aux deux premiers siècles [traduit de l'allemand], Paris 1961 (BH), p. 179-185.
[5] Cf. J. DANIÉLOU et H.-I. MARROU, Nouvelle histoire de l'Eglise, t. 1, Des origines à saint Grégoire le Grand, Paris 1963, p. 134-136.
[6] Voir par exemple l'adaptation de Mt. 5, 19 dans Diat., in EPHREM DE NISIBE, Comm. du Diat. 6, 3.

est démontré et que la plupart de ses prétendues additions chrétiennes sont fictives[1]. Mais parmi les rares interpolations irréductibles se trouvent deux allusions au baptême de Jésus. Il est bien sûr impossible de déterminer quand et où elles se sont introduites dans le texte; toutefois, comme elles sont bien attestées par la tradition manuscrite, elles peuvent être très anciennes. Faute de pouvoir les localiser davantage, il apparaît donc légitime, et au surplus commode, de les regarder, par pure hypothèse, comme proches dans le temps et dans l'espace des Testaments des douze patriarches eux-mêmes. C'est dans ce sens qu'on peut les placer avec les oeuvres des deux premiers siècles et dans le chapitre sur les Syriens.

LES ODES DE SALOMON (vers 90?)

Le baptême du Christ est le sujet d'une des quarante-deux odes; il n'est pas évoqué dans les autres. Le morceau est à première vue assez obscur, en raison de son style allusif, et les traductions sont relativement divergentes; paradoxalement, les nombreuses corrections proposées pour améliorer le sens réduisent encore la clarté du passage.

Voici donc une version strictement littérale du texte syriaque reçu:

"La colombe vola sur le Messie,
car il était sa tête.
Elle chanta sur lui
et on entendit sa voix.
Les habitants prirent peur
et les résidants tremblèrent.

---

[1] C'est la thèse de M. PHILONENKO, Les interpolations chrétiennes des Testaments des douze patriarches et les manuscrits de Qoumrân, Paris 1960 (CRHPR 35).

Les oiseaux laissèrent leurs ailes battre[1]
et tous les reptiles moururent dans leurs trous.
Les abîmes s'ouvrirent et se refermèrent;
ils réclamaient le Seigneur comme des parturientes,
mais il ne leur fut pas donné à dévorer,
car il n'était pas à eux.
Les abîmes furent alors submergés par la submersion du Seigneur
et ils périrent avec la pensée qu'ils existaient depuis l'origine.
Ils ont été en effet en travail depuis le commencement,
mais la fin de leur travail fut la vie.
Périrent en eux tous ceux qui étaient imparfaits,
car il n'y avait rien à dire pour qu'ils subsistent.
Le Seigneur fit périr les pensées
de tous ceux qui n'avaient pas la vérité.
Ils furent en effet imparfaits quant à la sagesse,
ceux qui s'étaient exalté dans leur coeur.
Ils furent rejetés,
car ils n'avaient pas la vérité.
Car le Seigneur a montré sa voie
et il a répandu sa bonté.
Ceux qui les ont reconnues
connaissent sa sainteté.
Alléluia!"[2]

La mention du vol de la colombe sur le Christ, au tout début de l'ode, indique sans ambiguïté que l'ensemble de la pièce est un commentaire du baptême de Jésus. L'oiseau, ou plutôt le

---

[1] Comprendre: "s'envolèrent".
[2] Odes de Sal. 24; éd. R. HARRIS et A. MINGANA, The Odes and Psalms of Solomon, vol. 1, The text with facsimile reproductions et vol. 2, The translation with introduction and notes, 2e éd., Manchester 1916 et 1920, t. 1, p. 58-59 et t. 2, p. 341-342.
- On suivra la numérotation des versets retenue par cette édition.

Saint-Esprit dont il est l'incarnation[1], vient sur la tête du Christ et le désigne ainsi comme son chef: c'est en effet dans ce sens subordinatianiste qu'il faut entendre l'espèce de jeu de mots initial[2]. L'immersion du Messie provoque un bouleversement cosmique; en se plongeant dans le Jourdain, il descend aux enfers, c'est-à-dire au séjour des morts. On sait que ce lieu est communément représenté comme un monstre vorace, pressé d'engloutir les humains. Les abîmes demandent donc ici à avaler le Christ; ils sont alors comparés à des femmes qui accouchent, peut-être en raison de leurs cris. Enfin, par un glissement de sens bien dans la manière des Odes de Salomon, leur long enfantement (il dure depuis que la mort existe) devient bénéfique: il symbolise la destruction de l'ordre ancien et la naissance d'une vie nouvelle. Le Christ est rejeté par le Shéol, les méchants périssent et les justes sont sauvés[3].

Les Odes de Salomon voient donc dans le baptême de Jésus une descente aux enfers au cours de laquelle le Christ anéantit la mort, au lieu d'être retenu par elle. Ce descensus triomphal est à mettre en parallèle avec celui que, plus normalement, l'oeuvre situe entre la Passion et la Résurrection (Odes de Sal. 42, 10-20); il n'y a toutefois pas de relation explicite entre les deux. Quant à l'origine même de cette signification particulière de l'immersion de Jésus, elle reste mystérieuse; parmi les éléments qui ont pu la produire, il faut énumérer l'usage de la métaphore du baptême pour désigner le martyre du Christ[4], l'existence du thème littéraire du juste sauvé des eaux[5], le dé-

---

[1] Cf. Odes de Sal. 28, 1.
[2] Une variante explique: "La colombe vola sur la tête de notre Seigneur le Messie, etc.".
[3] Les considérations de métrique sont souvent hasardeuses; mais on ne peut pas ne pas être sensible ici au mouvement poétique de l'ode: le volume croissant puis décroissant des vers exprime à coup sûr l'augmentation puis la diminution de l'intensité dramatique des diverses phases (baptême du Jourdain, crise universelle, dénouement eschatologique).
[4] Cf. Mc 10, 38; Lc 12, 50; voir supra, p. 8-10 et 16.
[5] Cf. par exemple Ps. 18 (17), 5-18; à Qoumrân, 1 QH 3, 6-18.

veloppement d'une spéculation mystique tenant le Jourdain pour un fleuve cosmique[1]. Il reste enfin à essayer d'estimer l'importance relative donnée par les Odes de Salomon au baptême de Jésus parmi les autres mystères du salut: elle n'est certainement pas primordiale, étant donné la place que l'oeuvre réserve à la conception virginale et à la naissance miraculeuse (Odes de Sal. 19)[2].

IGNACE D'ANTIOCHE (écrit entre 98 et 117)

Le baptême tient relativement peu de place dans la pensée de l'évêque martyr, tant du point de vue statistique que du point de vue théologique[3]; celui de Jésus est évoqué dans deux allusions assez laconiques:

> "Pourquoi ne devenons-nous pas tous sensés en recevant la connaissance de Dieu, c'est-à-dire Jésus-Christ? pourquoi nous perdons-nous follement en méconnaissant le don que le Seigneur a vraiment envoyé? Mon esprit est le valet de la croix, ce qui est un scandale pour les incroyants, mais pour nous salut et vie éternelle. Où est le sage? où est le raisonneur? où est l'orgueil de ceux qu'on prétend intelligents? Car notre Dieu Jésus-Christ a été porté dans le sein de Marie selon l'économie divine, conçu et de la descendance de David et de l'Esprit-Saint, et il est né et a

---

[1] Cf. appendice A, p. 127-128. La parenté de l'ode avec Ap. 12, 4 suggérée par les éditeurs du texte (R. HARRIS et A. MINGANA, ibid., t. 2, p. 344-345) est lointaine et n'explique pas le rôle du baptême.

[2] Pour d'autres détails, voir E. E. FABBRI, "El enigma de la 24a oda de Salomón", CiFe 16 (1960), p. 383-398.

[3] Cf. A. BENOÎT, Le baptême chrétien au second siècle, La théologie des Pères, Paris 1953 (EHPR 43), p. 59 et 78.

été baptisé pour purifier l'eau par sa passion. Et le prince de ce monde n'a rien su de la virginité de Marie et de son enfantement, ni non plus de la mort du Seigneur, trois mystères criants qui s'accomplirent dans la tranquillité de Dieu."[1]

"Je glorifie Jésus-Christ Dieu qui vous a ainsi rendus sages. ...vous êtes pleinement convaincus que notre Seigneur est vraiment de la race de David selon la chair, fils de Dieu selon la volonté et la puissance divines, vraiment né d'une vierge, baptisé par Jean pour que par lui fût accomplie toute justice, vraiment cloué pour nous dans la chair sous Ponce Pilate et Hérode le tétrarque..."[2]

La simple lecture de ces deux morceaux suggère que le baptême de Jésus y figure chaque fois comme l'un des articles d'une confession de foi. L'énumération des principales étapes de l'incarnation est assez semblable de part et d'autre et en partie stéréotypée: conception virginale par l'opération de l'Esprit, naissance, baptême et passion; tout porte à croire en fait que les deux listes reproduisent le même symbole[3].

---

[1] Aux Eph. 17, 2 à 19, 1; éd. P. Th. CAMELOT, Ignace d'Antioche et Polycarpe de Smyrne, Lettres et Martyre de Polycarpe, Texte grec, introduction, traduction et notes, 3e éd., Paris 1958 (SC 10), p. 86-89.

[2] Aux Smyrn. 1; éd. P. Th. CAMELOT, ibid., p. 154-157. - L'Epître aux Ephésiens, rédigée à Smyrne (Aux Eph. 21, 1; EUSÈBE DE CÉSARÉE, Hist. eccl. 3, 36, 5), lors du transfert du prisonnier d'Antioche à Rome, est de peu antérieure à l'Epître aux Smyrniotes, écrite à Troas (Aux Smyrn. 12, 1; EUSÈBE DE CÉSARÉE, Hist. eccl. 3, 36, 10).

[3] Elles s'accordent en tout cas sur un point remarquable: la double affirmation de la conception virginale réelle et de l'ascendance davidique directe, ce qui place Marie dans la généalogie de David contrairement au texte reçu des évangiles (cf. O. CULLMANN, Christologie du Nouveau Testament, Neuchâtel 1958 (BThéologique), p. 256-257).

Ce rappel des grands faits de l'évangile s'explique bien dans le cas du second extrait où il fait fonction d'introduction générale; son insertion dans le contexte du premier nécessite par contre une explication. Le passage d'Ignace sur l'économie divine (Aux Eph. 17, 2 à 19, 1) comporte de nombreuses ressemblances de style et de pensée, intentionnelles ou involontaires, avec le développement de Paul sur la sagesse chrétienne (1 Co. 1, 17 à 2, 9)[1] : la folie de la perdition (Aux Eph. 17, 2; 1 Co. 1, 18), le scandale de la croix (Aux Eph. 18, 1; 1 Co. 1, 23), l'interpellation des sages (Aux Eph. 18, 1; 1 Co. 1, 20), l'orgueil des intelligents (Aux Eph. 18, 1; 1 Co. 1, 19.29.31), l'ignorance du prince de ce monde (Aux Eph. 19, 1; 1 Co. 2, 8), le caractère mystérieux du salut (Aux Eph. 19, 1; 1 Co. 2, 7), etc. Le grand nombre d'expressions communes permet de conclure à une dépendance littéraire; à plus forte raison la similitude d'idées ne fait aucun doute. Paul objecte à la sagesse profane la prédication du fait central de la rédemption, la mort du Christ, Ignace lui oppose l'exposé de toute l'économie du salut, la conception, la naissance, le baptême et la mort du Seigneur. La perspective est élargie, mais le mouvement reste identique; le recours à une confession de foi s'explique donc ici par le précédent paulinien.

Que le baptême de Jésus appartienne dans ces deux textes à une formule traditionnelle est confirmé par le fait qu'il apparaît comme un corps étranger dans les argumentations d'Ignace; il n'y est incorporé que parce qu'il s'impose comme l'un des éléments de cette formule[2]. D'une part il n'est pas compté au

---

[1] Une fois n'est pas coutume: habituellement ce sont bien plutôt les différences de mentalité et de ton entre l'apôtre et l'évêque qu'il faut souligner (cf. Th. PREISS, "La mystique de l'imitation du Christ et de l'unité chez Ignace d'Antioche", RHPR 18 (1938), p. 197-241); sur la connaissance formelle que le second a des épîtres du premier, voir R. M. GRANT, La formation du Nouveau Testament [traduit de l'américain], Paris 1969, p. 88-102 et H. RATHKE, Ignatius von Antiochien und die Paulusbriefe, Berlin 1967 (TU 99).
[2] Cf. A. BENOÎT, ibid., p. 61.

nombre des trois mystères constitutifs de l'incarnation que le prince de ce monde a ignorés et qui sont la conception, la naissance et la mort (<u>Aux Eph</u>. 19, 1)[1]; or il ne fait pas de doute que l'examen de ces trois seuls mystères ne soit le propos directeur de l'auteur qui, dès qu'il les a énumérés, commente le deuxième (<u>Aux Eph</u>. 19, 2-3), annonce une lettre sur le troisième (<u>Aux Eph</u>. 20, 1) et conclut avec le premier (<u>Aux Eph</u>. 20, 2). D'autre part le baptême de Jésus est le seul événement de sa vie dont la réalité ne soit pas soulignée par l'adverbe "vraiment" ("ἀληθῶς")(<u>Aux Smyrn</u>. 1): il est clair qu'Ignace s'emploie ici à réfuter une théologie docète où ce point particulier n'appelle pas de correction. Il faut donc tenir pour certain que dans un cas comme dans l'autre l'allusion à la scène du Jourdain est entraînée par l'usage d'une confession de foi et extérieure au raisonnement proprement dit.

Les deux mentions du baptême de Jésus sont accompagnées chacune d'un commentaire succinct: selon la première, Jésus a été baptisé "pour purifier l'eau par sa passion" (<u>Aux Eph</u>. 18, 2); selon la seconde, il l'a été "par Jean pour que par lui fût accomplie toute justice" (<u>Aux Smyrn</u>. 1). Le contraste des deux explications est frappant; si, comme on peut donc l'estimer, les deux symboles sous-jacents n'en font en réalité qu'un, une seule solution reste possible: les deux interprétations sont fournies par Ignace lui-même[2]. Il peut surprendre que l'évêque s'attarde à gloser une donnée purement incidente et a priori peu susceptible de l'intéresser; mais on doit se souvenir des fréquentes réticences à l'égard du baptême de Jésus et penser que ces brèves justifications correspondent au minimum nécessaire pour le ren-

---

[1] Sur la venue du Sauveur à l'insu des puissances mauvaises, voir surtout <u>Asc. d'Es</u>. 11, 16 (source hypothétique d'Ignace); cf. aussi J. DANIÉLOU, <u>Histoire des doctrines chrétiennes avant Nicée, t. 1, Théologie du judéo-christianisme</u>, Tournai 1958 (BThéologie), p. 228-237 ("La descente cachée").
[2] Cf. A. BENOÎT, <u>ibid</u>., p. 62.

dre acceptable[1].

On s'attend dès lors à une exégèse minorative. C'est bien le cas pour le second commentaire (Aux Smyrn. 1): Ignace s'acquitte de l'explication en renvoyant simplement à celle de Mt. 3, 15, c'est-à-dire sans doute à la plus traditionnelle. La même tendance exégétique se retrouve dans le premier commentaire (Aux Eph. 18, 2): l'évêque donne du baptême de Jésus une interprétation qui en reporte l'efficacité potentielle sur la mort rédemptrice, ce qui revient à lui dénier toute valeur intrinsèque. Le raccourci, incorrect du point de vue logique, est révélateur à cet égard du caractère forcé de la réduction des deux événements à un seul; il faut développer ainsi: "il a été baptisé pour pouvoir rétrospectivement purifier l'eau par sa passion". Le même procédé herméneutique est d'ailleurs employé juste avant par l'auteur dans un passage tout à fait parallèle: "Si le Seigneur a reçu un parfum sur la tête, c'est afin d'exhaler l'incorruptibilité pour l'Eglise" (Aux Eph. 17, 1)[2]. Le tour syntaxique est identique, la démarche logique équivalente: il s'agit dans les deux cas d'éliminer un épisode historique de la vie de Jésus en l'alignant par une exégèse typologique sur un fait théologique fondamental de la rédemption. Ignace base en effet sa christologie bien davantage sur quelques "mystères" en partie atemporels que sur un récit événementiel suivi: il ne mentionne pour ainsi dire jamais, ceci est significatif, d'autres circonstances de la

---

[1] De tels éclaircissements seraient superflus pour les autres articles de la confession de foi, ce qui rend inutile l'hypothèse en soi paradoxale selon laquelle il faudrait dans Aux Eph. 18, 2 lier la naissance et le baptême et lire "il est né et a été baptisé pour purifier l'eau, etc."; cette traduction est défendue par A. ORBE, La unción del Verbo, Estudios valentinianos, vol. 3, Rome 1961 (AG 113), p. 9, n. 25.

[2] La phrase fait indiscutablement allusion à la scène de l'onction à Béthanie chez Simon le Lépreux (Mt. 26, 6-13; Mc 14, 3-9; cf. Jn 12, 1-8). Mais on y a vu aussi, simultanément ou même exclusivement, un renvoi au baptême dans le Jourdain (il faudrait alors rendre "μύρον" par onction et non par parfum); voir A. ORBE, ibid., p. 5, n. 2.

vie du Christ que sa conception, sa naissance et sa mort ou sa résurrection, qu'il se représente comme les trois lieux de passage décisifs du Sauveur dans ce monde; les très rares exceptions sont impérativement minimisées, comme on vient de le voir pour le baptême et pour l'onction[1].

Il ne faut donc pas exagérer la portée des explications du baptême de Jésus fournies par l'auteur; leur divergence même en souligne le caractère relatif. Le premier commentaire (Aux Eph. 18, 2) repose essentiellement sur la croyance en l'impureté naturelle des eaux; c'est l'occasion de rappeler que la tradition biblique, de la Genèse à l'Apocalypse, prend le plus souvent l'élément liquide en mauvaise part et y voit la demeure de puissances hostiles. Dès lors il n'est pas surprenant qu'on ait considéré que la descente du Christ dans le Jourdain était destinée à assainir les eaux infestées de démons[2]; cette signification est de fait bien attestée ultérieurement[3]. Ignace en est le premier témoin, mais très probablement pas l'inventeur: on verrait mal autrement pourquoi il l'abandonne d'une fois à l'autre. Par contre il innove sans doute quand il affirme que l'efficacité du baptême n'est que virtuelle tant qu'elle n'est pas objectivée par la passion; deux facteurs sont à l'origine de ce rapprochement particulier des deux événements: le système théologique de l'auteur, on l'a vu, et l'exégèse syrienne contemporaine qu'on

---

[1] De façon plus générale, la sotériologie de l'évêque est peu enracinée dans l'histoire, au point que la cosmogonie, l'ancienne alliance et l'eschatologie en sont absentes; cf. Th. PREISS, ibid., p. 218-226.

[2] Le fleuve sacré a une valeur symbolique; son eau communique avec toutes les eaux: cf. appendice A, p. 127-128.

[3] En voici quelques exemples aux troisième et quatrième siècles: CLÉMENT D'ALEXANDRIE, Ecl. proph. 7, 2; HIPPOLYTE DE ROME, Sur les bénéd., éd. PO, t. 27, 1954, p. 82; Ev. de Phil. copte 109; TERTULLIEN, Adv. Jud. 8, 14; ID., De pud. 6, 16; PSEUDO-CYPRIEN DE CARTHAGE, De Pascha comp. 22; GRÉGOIRE D'ELVIRE, Tract. de lib. 15; AMBROISE DE MILAN, Sur Luc 2, 83; GRÉGOIRE DE NAZIANZE, Orat. 38, 16; JEAN CHRYSOSTOME, De bapt. Chr. 2; cf. aussi infra, p. 94, n. 1.

rencontre dans les <u>Odes de Salomon</u>[1]. Quant au second commentaire
(<u>Aux Smyrn</u>. 1), il y a peu de choses à en dire: Ignace se borne
à reproduire l'interprétation de <u>Mt</u>. 3, 15. Rien n'indique ici
ou ailleurs dans ses épîtres en quel sens il comprend "l'accomplissement de toute justice"[2]; ce qu'on sait de sa motivation
porte cependant à croire qu'il ne donne pas à la notion de relief particulier[3].

L'évêque d'Antioche ne s'intéresse donc pas plus au baptême
de Jésus qu'au baptême en général. Entraîné à le mentionner, il
le minimise intentionnellement, ce qui est d'autant plus remarquable qu'il n'a pas sur ce point à combattre ses adversaires
théologiques, qui sans doute ne donnaient déjà à l'événement
qu'une importance secondaire. Ignace n'en est pas moins pour
l'histoire de l'exégèse un témoin notable du fait qu'il est le
premier à attester une des explications du baptême du Christ les
plus répandues par la suite: la nécessité de purifier les eaux.

---

[1] Cf. <u>supra</u>, p. 25-26. Il faut signaler qu'on a cru retrouver
l'association du baptême de Jésus et de sa descente aux enfers
dans une autre lettre de l'évêque, dans <u>Aux Magn</u>. 9; l'allusion
au <u>descensus</u> y est indiscutable, mais celle à la scène du Jourdain tout à fait invraisemblable (voir A. BENOÎT, <u>ibid</u>., p. 75).
[2] La formulation est légèrement équivoque: est-ce Jésus ou bien
Jean qui réalise cet accomplissement? cette ambiguïté est à vrai
dire de peu d'importance, d'autant que <u>Mt</u>. 3, 15 le leur attribue conjointement.
[3] Il n'est pas nécessaire de supposer une cohérence entre les
deux commentaires. Mais si l'on en postule une, "l'accomplissement de toute justice" d'<u>Aux Smyrn</u>. 1 doit s'entendre en quelque
manière de la mort rédemptrice: voir dans ce sens O. CULLMANN,
<u>ibid</u>., p. 61-62, qui voit déjà dans <u>Mt</u>. 3, 15 le sens d'<u>Aux Eph</u>.
18, 2.

TATIEN LE SYRIEN (écrit vers 170 ou 180)

Le témoignage de Tatien sur le baptême du Christ est constitué uniquement par des fragments du Diatessaron. On sait que cet évangile concordant était destiné dans l'esprit de son auteur à remplacer les quatre vies de Jésus canoniques; les débris qui en subsistent relèvent donc davantage de la littérature apocryphe que du genre exégétique, ce qui rend très difficile le tri entre les variantes textuelles et les corrections théologiques.

Voici les textes, avec les versets évangéliques dont ils dérivent[1]:

Lc 3, 23: "Et ipse Jesus erat annorum quasi tri-

---

[1] On peut limiter cette enquête à une seule source, pourvu qu'elle respecte sûrement la teneur de l'écrit de Tatien, par exemple au Commentaire du Diatessaron d'Ephrem. Cette oeuvre est connue d'une part en langue originale, par un manuscrit syriaque très lacuneux (il manque notamment l'explication du baptême de Jésus) et d'autre part en version, par un texte arménien assez complet; elle suit en principe le Diatessaron en le reprenant phrase après phrase, mais elle en disperse aussi la matière dans la mesure où elle en cite tel ou tel verset occasionnellement, en dehors du commentaire principal. Pour simplifier, chaque morceau du Diatessaron relatif à la scène du Jourdain n'est reproduit ici qu'une seule fois, mais avec l'indication de tous les passages syriaques et arméniens qui le contiennent. L'ordre et le texte des fragments sont empruntés à l'ouvrage de L. LELOIR, Le témoignage d'Ephrem sur le Diatessaron, Louvain 1962 (CSCO 227 et CSCOSubs 19), p. 2-3 et 18-19 ("Section 9"); l'un et l'autre sont en partie le résultat de reconstitutions critiques. Les extraits ont été laissés en latin: il n'était pas question de traduire une traduction, composite au surplus; on peut éventuellement utiliser la version française de L. LELOIR, Ephrem de Nisibe, Commentaire de l'Evangile concordant ou Diatessaron traduit du syriaque et de l'arménien, Introduction, traduction et notes, Paris 1966 (SC 121).

ginta."[1]

Jn 1, 29: "Ecce agnus Dei, et tulit peccata mundi."[2]

Jn 1, 30: "Vir venturus est post me, qui prior quidem est."[3]

Mt. 3, 14: "Mihi necessarium est a te sigillum recipere."[4]

Mt. 3, 15: "Permitte nunc ut perficiamus justitias omnes."[5]

Mt. 3, 17: "Hic est Filius meus dilectus."[6]

Jn 1, 32; Lc 3, 22: "Et testatur Johannes Baptista: "Ego vidi Spiritum in similitudine corporis columbae, qui descendit et permansit super eum"."[7]

---

[1] Diat., in EPHREM DE NISIBE, Comm. du Diat. 4, 1; éd. L. LELOIR, Saint Ephrem, Commentaire de l'Evangile concordant, Version arménienne, 2 t., Louvain 1953-1954 (CSCO 137 et 145 et CSCOSArm 1 et 2), t. 1, p. 46 et t. 2, p. 34.

[2] Diat., ibid. 3, 17; 4, 4; 9, 1.4; éd. L. LELOIR, Saint Ephrem..., Version arménienne..., t. 1, p. 46, 48, 117 et 120 et t. 2, p. 34, 36, 85 et 87. - Diat., ibid. 18, 3; éd. L. LELOIR, Saint Ephrem, Commentaire de l'Evangile concordant, Texte syriaque (manuscrit Chester Beatty 709), Dublin 1963 (CBM 8), p. 208-209 et L. LELOIR, Saint Ephrem..., Version arménienne..., t. 1, p. 254 et t. 2, p. 183. - Diat., ibid. 20, 15; éd. L. LELOIR, Saint Ephrem..., Version arménienne..., t. 1, p. 290 et t. 2, p. 208.

[3] Diat., ibid. 16, 19; éd. L. LELOIR, Saint Ephrem..., Version arménienne..., t. 1, p. 233 et t. 2, p. 168.

[4] Diat., ibid. 9, 1.11; éd. L. LELOIR, Saint Ephrem..., Version arménienne..., t. 1, p. 117 et 125 et t. 2, p. 85 et 90.

[5] Diat., ibid. 4, 1.2.3; éd. L. LELOIR, Saint Ephrem..., Version arménienne..., t. 1, p. 46-47 et t. 2, p. 34-35.

[6] Diat., ibid. 9, 1; éd. L. LELOIR, Saint Ephrem..., Version arménienne..., t. 1, p. 118 et t. 2, p. 85.

[7] Diat., ibid. 11, 20; éd. L. LELOIR, Saint Ephrem..., Texte syriaque..., p. 68-69 et L. LELOIR, Saint Ephrem..., Version arménienne..., t. 1, p. 153 et t. 2, p. 111.

Jn 1, 31: "Nesciebam eum."[1]
Jn 1, 33: "Ille qui misit nos, dixit ad me..."[2]

Ces fragments appellent les remarques suivantes:
1° Jean constitue la charpente du récit de Tatien. Les versets qui lui sont empruntés, mis bout à bout, fournissent à eux seuls l'essentiel du développement (Jn 1, 29.30.32.31.33). Ce fait est conforme au principe de composition de l'auteur, pour qui "le quatrième évangile était la clef des synoptiques, et de la vie de Jésus"[3].
2° Matthieu est utilisé par priorité pour suppléer les lacunes de Jean. Il apporte l'important dialogue entre Jean-Baptiste et Jésus (Mt. 3, 14.15) et surtout l'intervention de la voix divine (Mt. 3, 17).
3° Luc n'intervient qu'accessoirement. Il donne l'âge du Christ (Lc 3, 23) et l'explication du rapport de l'Esprit et de la colombe ("σωματικῷ εἴδει") (Lc 3, 22).
4° Marc n'est apparemment pas employé.

Il n'y a que deux modifications notables du texte des évangiles:
Mt. 3, 14: la traduction de "βαπτισθῆναι" par "sigillum recipere" est libre, mais banale; elle n'ajoute aucune nuance de sens.
Lc 3, 23: le Diatessaron s'écarte ici de façon intéressante de son modèle; il omet "à ses débuts" ("ἀρχόμενος"). La leçon est certainement tatianique[4], mais peu facile à caractériser: l'auteur reproduit-il une variante à son insu ou bien fait-il lui-même une correction? Quoi qu'il en soit, l'omission doit sans doute être interprétée comme un rejet de l'idée que le baptême du Christ est le commencement effectif de son oeuvre salvatrice;

---

[1] Diat., ibid. 14, 5; éd. L. LELOIR, Saint Ephrem..., Texte syriaque..., p. 116-117 et L. LELOIR, Saint Ephrem..., Version arménienne..., t. 1, p. 188 et t. 2, p. 136.
[2] Diat., ibid. 13, 11; éd. L. LELOIR, Saint Ephrem..., Texte syriaque..., p. 110-111 et L. LELOIR, Saint Ephrem..., Version arménienne..., t. 1, p. 182 et t. 2, p. 132.
[3] L. LELOIR, Le témoignage d'Ephrem..., p. 234.
[4] Cf. L. LELOIR, Le témoignage d'Ephrem..., p. 103.

Tatien s'opposerait directement en cela à son maître Justin[1].
Comme lui, en tout cas, il admet les récits de l'enfance et considère que l'événement du Jourdain n'est pas le commencement absolu de l'incarnation.

Pour être aussi complet que possible, il faut encore mentionner le fragment du <u>Diatessaron</u> parallèle à <u>Lc</u> 12, 50[2]:
"Baptismus instat mihi, (quo) baptizer."[3]
On doit enfin signaler que Tatien avait probablement retenu dans son évangile concordant la notation apocryphe selon laquelle une lumière surnaturelle aurait accompagné le baptême de Jésus; toutefois aucun texte d'Ephrem ne lui attribue formellement le détail[4].

LES INTERPOLATIONS DES <u>TESTAMENTS DES DOUZE PATRIARCHES</u>[5]

Le premier passage interpolé est le suivant:
"Les cieux s'ouvriront et du temple de la gloire viendra sur lui (le Messie) la sainteté avec la voix du Père comme d'Abraham à Isaac. La gloire du Très-Haut sera dite sur lui et l'esprit d'intelligence et

---

[1] Voir JUSTIN LE MARTYR, <u>Dial</u>. 88, 8; cf. <u>infra</u>, p. 94-95.
[2] Il est cité selon les principes indiqués plus haut; cf. L. LELOIR, <u>Le témoignage d'Ephrem</u>..., p. 6-7 et 45 ("Section 45").
[3] <u>Diat</u>., <u>in</u> EPHREM DE NISIBE, <u>Comm. du Diat</u>. 20, 3; éd. L. LELOIR, <u>Saint Ephrem</u>..., <u>Version arménienne</u>..., t. 1, p. 280 et t. 2, p. 201.
[4] Cf. L. LELOIR, <u>Le témoignage d'Ephrem</u>..., p. 105-107; sur le sens de cette particularité, voir appendice C, p. 129.
[5] Cf. <u>supra</u>, p. 22-23.

de sanctification reposera sur lui dans l'eau."[1]

Ce morceau concerne le messie lévitique et son onction par l'Esprit conformément à l'oracle d'Es. 11, 2-3. Des lecteurs chrétiens ont ajouté les mots "dans l'eau" ("ἐν τῷ ὕδατι")[2] de façon à adapter le sens au baptême de Jésus[3]. Mais seuls ces trois mots sont étrangers à la rédaction primitive: le reste s'explique à moindre frais dans le cadre d'une théologie essénienne, comme le montre la littérature de Qoumrân. Il en est de même pour le développement parallèle relatif au messie de Juda où l'on a vu aussi une allusion à la scène du Jourdain: "...on ne trouvera aucun péché en lui. Les cieux s'ouvriront sur lui pour répandre l'esprit, la bénédiction du Père saint..." (Test. de Juda 24, 1-2)[4].

Voici l'autre passage surchargé:
"...jusqu'à ce que le Très-Haut visite la terre, en venant lui-même...et en broyant dans la tranquillité la tête du dragon par l'eau."[5]

Cet extrait fait allusion au verset "...c'est toi qui as broyé les têtes des dragons sur l'eau" (Ps. 74 (73), 13). Des copistes chrétiens ont changé l'expression "sur l'eau" ("ἐπὶ τοῦ ὕδατος") en "par l'eau" ("δι'ὕδατος")[6] pour y introduire un sens

---

[1] Test. de Lévi 18, 6-7; éd. R. H. CHARLES, The Greek versions of the Testaments of the twelve patriarchs..., Oxford 1908, p. 62-63.
[2] Selon les manuscrits c, h, i et a, b, d, f, g; e conserve le texte original.
[3] L'addition est d'ailleurs judicieuse en ce sens qu'il y a un rapport ancien entre cet événement et la prophétie d'Es. 11, 2-3 (cf. infra, p. 49-50).
[4] Voir M. PHILONENKO, Les interpolations chrétiennes des Testaments des douze patriarches et les manuscrits de Qoumrân, Paris 1960 (CRHPR 35), p. 9-11.
[5] Test. d'Asher 7, 3; éd. R. H. CHARLES, ibid., p. 180-181.
[6] Selon les manuscrits c, h, i et a, b, d, e, f; g a échappé à la correction.

baptismal[1]. Le texte ainsi transformé ne vise pas seulement le baptême en général, mais bien celui de Jésus, comme le confirme l'histoire de l'exégèse[2].

Ces diverses notices sur les Syriens[3] ne laissent pas dégager d'exégèse commune du baptême de Jésus. Il y a bien quelques rencontres d'idées: les Odes de Salomon et Ignace le mettent en relation avec sa mort, Ignace et Tatien reprennent l'explication évangélique de Mt. 3, 15. Mais les textes sont trop peu nombreux, trop peu étendus et littérairement trop différents pour qu'on puisse en tirer des conclusions générales. La seule véritable unanimité ne concerne que l'appréciation de l'événement: les Odes de Salomon, Ignace et Tatien ne le considèrent certainement pas comme un fait primordial de l'histoire du salut; qui plus est, Ignace le tient pour un épisode accessoire, et Tatien n'y voit peut-être même plus le tournant décisif qu'il était encore dans les évangiles.

---

[1] Cf. M. PHILONENKO, ibid., p. 40.
[2] Voir par exemple CYRILLE DE JÉRUSALEM, Cat. 3, 11: "Le dragon était dans les eaux, selon Job, et recevait le Jourdain dans la gueule (Jb 40, 23). Puisqu'il fallait donc broyer les têtes du dragon, il (Jésus) descendit dans les eaux et lia le Fort, afin que nous recevions le pouvoir de fouler aux pieds les serpents et les scorpions".
[3] On ne doit pas tenir compte de la dernière, dont la place dans ce chapitre est, qu'on se le rappelle, tout à fait hypothétique.

CHAPITRE TROIS

LES JUDÉO-CHRÉTIENS

Il est très difficile de délimiter avec précision le domaine judéo-chrétien[1]. On aura intérêt à lui donner ici une extension moyenne. La définition par le critère des observances est tout compte fait la seule qui n'embrouille pas la question, et on ne peut parler sans paradoxe de judéo-christianisme qu'à propos des milieux légalistes. Il importe toutefois de souligner qu'aucun rite juif particulier n'est nécessaire ni suffisant pour caractériser des judéo-chrétiens en tant que tels[2]: c'est seulement la valeur donnée à l'orthopraxie qui est décisive. Il est évident que cette définition a l'inconvénient d'être peu maniable; elle est inapplicable aux textes dépourvus d'allusions cultuelles, qui ne peuvent être rattachés au judéo-christianisme que par comparaison.

On retiendra en définitive dans ce chapitre les notices concernant l'<u>Evangile des nazaréens</u>, la <u>Praedicatio Pauli</u>, l'<u>Evangile des ébionites</u>, les ébionites, l'<u>Evangile des hébreux</u>,

---

[1] Pour un bilan du problème, voir M. SIMON et A. BENOÎT, <u>Le judaïsme et le christianisme antique d'Antiochus Epiphane à Constantin</u>, Paris 1968 (NC 10), p. 258-274.

[2] Il y a ainsi un judéo-christianisme qui abroge même la circoncision: cf. E. MOLLAND, "La circoncision, le baptême et l'autorité du décret apostolique (Actes 15, 28 sq.) dans les milieux judéo-chrétiens des Pseudo-clémentines", <u>StTheol</u> 9 (1955), p. 1-39; inversement les prescriptions judaïsantes du décret apostolique sont observées par des pagano-chrétiens: cf. PLINE LE JEUNE, <u>Lettres</u> 10, 96, 10; <u>Lettre des chr. de Lyon</u>, in EUSÈBE DE CÉSARÉE, <u>Hist. eccl.</u> 5, 1, 26; TERTULLIEN, <u>Apol.</u> 9, 13-14.

les <u>Kérugmata Pétrou</u> et les <u>Oracles sibyllins</u>[1]. Le problème des évangiles judéo-chrétiens est très complexe[2]. La rareté et la diversité des fragments conservés ne permettent pas d'accord sur leur reconstitution ni même sur leur nombre. Le mieux circonscrit est l'<u>Evangile des ébionites</u> (identifié généralement avec l'<u>Evangile des douze apôtres</u>): les extraits qui en proviennent certainement sont tous cités par Epiphane dans son exposé sur les ébionites (<u>Pan</u>. 30); ils supposent une oeuvre d'une réelle unité[3]. L'<u>Evangile des nazaréens</u> et l'<u>Evangile des hébreux</u> sont par contre souvent volontairement confondus en un seul[4]. Il faut reconnaître qu'il est malaisé de trouver un principe directeur permettant de trier la cinquantaine de passages susceptibles d'appartenir à l'un ou à l'autre; mais il est inconcevable que des morceaux si variés fassent partie d'un unique ouvrage: les deux mentions du baptême du Christ, en particulier, n'ont vraisemblablement pas la même origine[5]. On maintiendra donc la distinction entre les deux oeuvres. Par définition, l'<u>Evangile des</u>

---

[1] Il aurait été possible d'étudier également ici l'<u>Evangile de Nicodème</u>. La seconde partie de cet écrit composite, le <u>Descensus Christi ad inferos</u>, offre une curieuse exégèse du baptême de Jésus: pendant son immersion le Christ oint Adam de l'huile de l'arbre de vie qui lui avait été refusée jusque-là (<u>Ev. de Nicod</u>. 20, 2-3 [latin B]); le texte dépend alors étroitement d'apocryphes juifs (<u>Vie d'Adam</u> 36.40-42; <u>Apoc. de Moïse</u> 9.13). Mais peut-on dater cette interprétation du deuxième siècle? L'<u>Evangile de Nicodème</u> utilise certes des matériaux très anciens (cf. A. DE SANTOS OTERO, <u>Los evangelios apócrifos</u>..., 2e éd., Madrid 1963 (BAC 148), p. 396-402), mais sa composition ne serait pas antérieure à 555 (cf. G. C. O'CEALLAIGH, "Dating the Commentaries of Nicodemus", <u>HTR</u> 56 (1963), p. 21-58).
[2] Voir E. HENNECKE et W. SCHNEEMELCHER, <u>Neutestamentliche Apokryphen in deutscher Übersetzung</u>, <u>1. Band</u>, <u>Evangelien</u>, 4e éd., Tübingen 1968, p. 75-90.
[3] Cf. E. HENNECKE et W. SCHNEEMELCHER, <u>ibid</u>., p. 100-104.
[4] Voir par exemple A. DE SANTOS OTERO, <u>ibid</u>., p. 29-47.
[5] Voir E. HENNECKE et W. SCHNEEMELCHER, <u>ibid</u>., p. 87.

<u>nazaréens</u> est étroitement apparenté aux récits synoptiques[1], tandis que l'<u>Evangile des hébreux</u> se différencie surtout par des tendances gnosticisantes[2]. La <u>Praedicatio Pauli</u> est totalement perdue, mais un écrivain anonyme du troisième siècle, le Pseudo-Cyprien auteur du <u>De rebaptismate</u>, résume le récit qu'elle faisait du baptême de Jésus: il est en partie identique à celui de l'<u>Evangile des nazaréens</u>. Le contenu et la date probables de la <u>Praedicatio Pauli</u> autorisent donc à la classer avec les judéo-chrétiens du deuxième siècle[3]. La notice sur les ébionites permettra de rassembler quelques notes d'hérésiologues sur l'exégèse de ces sectaires; elles ne constituent bien entendu que des sources indirectes de moindre valeur[4]. Les <u>Kérugmata Pétrou</u> sont, on le sait, le plus ancien document isolable des <u>Homélies</u> et des <u>Reconnaissances</u> du Pseudo-Clément; il faut rappeler que leur existence n'est pas conjecturale comme celle de la <u>Grundschrift</u>, mais attestée par les compilateurs eux-mêmes, et que seul leur contenu est hypothétique. L'hétérodoxie de leur judéo-christianisme incite à les situer à une date assez haute, en tout cas avant 200[5]. Quant aux <u>Oracles sibyllins</u>, ils soulèvent de multiples questions d'histoire littéraire. Les deux livres intervenant dans ce chapitre (<u>Or. sib</u>. 6.7) sont chrétiens; leur rédaction doit, semble-t-il, être placée au deuxième siècle; leur milieu d'origine, mal déterminé, pourrait être gnostique et seule leur interprétation du baptême du Christ, de type judéo-

---

[1] Cf. E. HENNECKE et W. SCHNEEMELCHER, <u>ibid</u>., p. 90-100.
[2] Cf. E. HENNECKE et W. SCHNEEMELCHER, <u>ibid</u>., p. 104-108.
[3] Cf. E. HENNECKE et W. SCHNEEMELCHER, <u>Neutestamentliche Apokryphen in deutscher Übersetzung, 2. Band, Apostolisches, Apokalypsen und Verwandtes</u>, 3e éd., Tübingen 1964, p. 56-57. Le choix de ce patronage paulinien est pour le moins inattendu; l'écrit tentait sans doute d'expurger l'apôtre et de le réconcilier avec les judaïsants.
[4] Cf. W. BAUER et G. STRECKER, <u>Rechtgläubigkeit und Ketzerei im ältesten Christentum</u>, 2e éd., Tübingen 1964 (BHT 10), p. 274-287.
[5] Cf. H. J. SCHOEPS, <u>Theologie und Geschichte des Judenchristentums</u>, Tübingen 1949, p. 45-61.

chrétien, justifie le classement proposé[1].

L'EVANGILE DES NAZARÉENS[2] (1re moitié du 2e siècle?)

Le fragment qui concerne le baptême de Jésus a été transmis par Jérôme; il n'a que quelques lignes:
> "Voici que la mère du Seigneur et ses frères lui disaient: "Jean-Baptiste baptise pour la rémission des péchés; allons nous faire baptiser par lui". Il leur répondit: "Quel péché ai-je commis pour que j'aille me faire baptiser par lui? à moins peut-être que cela même que je viens de dire ne soit de l'ignorance"."[3]

Ce texte est l'un des plus révélateurs de l'embarras dans lequel l'épisode du Jourdain a mis les premiers chrétiens. D'une part le baptême de Jean-Baptiste est un rite de repentance, et ceux qui l'ont reçu ont donc été des pécheurs[4]; d'autre part le Sauveur est venu délivrer l'homme du péché, et il n'a donc pu commettre aucune faute[5]. Pour résoudre cette contradiction, il fallait soit donner au baptême de Jésus un sens spécial, - c'est ce qu'on a généralement fait -, soit admettre la possibilité d'un manquement du Christ pendant sa jeunesse, - c'est la solution retenue par ce passage de l'Evangile des nazaréens -.

L'épilogue de la discussion n'a pas été conservé, mais il n'est pas douteux que Jésus finissait par recevoir le baptême. Il était donc purifié pour le cas où, à son insu, il se serait

---

[1] Cf. E. HENNECKE et W. SCHNEEMELCHER, ibid., p. 498-502.
[2] Cf. supra, p. 40-41.
[3] Ev. des naz., in JÉRÔME, Dial. contra pel. 3, 2; éd. PL, t. 23, 2e éd., 1883, col. 597B-598A.
[4] Cf. Mc 1, 5; Mt. 3, 6; etc.
[5] Cf. 2 Co. 5, 21; Hé. 4, 15; Jn 8, 46; 1 Jn 3, 5; 1 P. 2, 22; etc.

antérieurement rendu coupable de quelque forfait[1]. Mais l'auteur
du morceau est assez habile pour laisser subsister le doute sur
l'impeccabilité du Christ: il lui suffit de se retrancher der-
rière l'ignorance de Jésus lui-même. Cette interprétation paradoxale de l'événement du Jourdain s'explique par une utilisation
radicale de la notion ébionite du "progrès moral" ("προκοπὴ
ἤθους") du Christ[2]. Il va sans dire qu'une telle exégèse du baptême de Jésus en limite considérablement l'importance. L'immersion n'a plus aucun sens messianique particulier, elle reprend
sa valeur lustrale commune. Il est très probable que le rédacteur de la péricope faisait partie des judéo-chrétiens qui avan-
çaient l'élection du Sauveur à sa conception[3].

LA PRAEDICATIO PAULI (2e siècle)

Cet ouvrage apocryphe, aujourd'hui disparu, donnait certainement du baptême de Jésus la même interprétation que l'Evangile
des nazaréens:

> "Dans ce livre (la Praedicatio Pauli), contraire-
> ment à toutes les Ecritures, on trouvera le Christ
> faisant un aveu sur son propre péché, - lui le seul
> qui n'a commis absolument aucune faute! -, et qu'il a
> été poussé par sa mère Marie presque malgré lui à re-
> cevoir le baptême de Jean, et aussi que, lors de son
> baptême, un feu a été vu au-dessus de l'eau, ce qui

---

[1] Le judaïsme connaît effectivement un péché par omission ou par
inadvertance: cf. Nb. 15, 22-29.
[2] EUSÈBE DE CÉSARÉE, Hist. eccl. 3, 27, 2; voir EPIPHANE DE SA-
LAMINE, Pan. 30, 18, 5-6.
[3] Cf. ORIGÈNE, Contre Celse 5, 61; EUSÈBE DE CÉSARÉE, Hist.
eccl. 3, 27, 3.

n'est écrit dans aucun évangile."[1]

Pour ce qui est du récit même de la scène du Jourdain, aucune comparaison n'est possible, la relation faite par l'Evangile des nazaréens étant entièrement perdue; on ne peut que noter l'unique particularité connue de la Praedicatio Pauli, la mention d'un feu accompagnant l'immersion du Christ[2].

L'EVANGILE DES ÉBIONITES (1re moitié du 2e siècle?)

Les fragments transmis par Epiphane et les indications qu'il leur adjoint permettent d'affirmer que l'apocryphe omettait les récits de l'enfance et qu'il s'ouvrait par une péricope sur la prédication de Jean-Baptiste[3]. Suivait sans doute, ex abrupto, l'entrée en scène de Jésus, non pour le baptême du Jourdain, comme dans les évangiles synoptiques, mais pour l'appel des apôtres; c'est là qu'était mentionné l'âge du Christ au commencement de son ministère:

"Il y eut un homme du nom de Jésus, - il avait environ trente ans -, qui nous choisit."[4]

Le détail est emprunté à Lc 3, 23; l'expression "à ses débuts" ("ἀρχόμενος") est absente, mais l'idée qu'il s'agit de la première manifestation du Christ est fondamentale, et cet exorde sans ambages rappelle Mc 1, 9 ou Mt. 3, 13. Si l'action inaugurale de Jésus n'est plus de se faire baptiser mais de rassembler

---

[1] Praed. Pauli, in PSEUDO-CYPRIEN DE CARTHAGE, De rebapt. 17; éd. G. HARTEL, S. Thasci Caecili Cypriani opera omnia, Pars III, Opera spuria, indices, praefatio, Vienne 1871 (CSEL 3, 3), p. 90.
[2] Sur le sens de ce détail, cf. appendice B, p. 128.
[3] EPIPHANE DE SALAMINE, Pan. 30, 14, 3; 30, 13, 6; 30, 13, 4.
[4] Ev. des ébion., in EPIPHANE DE SALAMINE, Pan. 30, 13, 2; éd. K. HOLL, Epiphanius, Ancoratus und Panarion, 1. Band (Ancoratus und Panarion 1-33), Leipzig 1915 (GCS 25), p. 349.

ses disciples, c'est que le rédacteur a voulu mettre d'emblée son écrit sous l'autorité du collège apostolique[1]; la scène du Jourdain qui venait plus loin restait probablement le point de départ de la carrière du Christ:

> "Le peuple ayant été baptisé, Jésus vint aussi et fut baptisé par Jean. Et comme il remontait de l'eau, les cieux s'ouvrirent et il vit l'Esprit saint sous la forme d'une colombe descendant et entrant en lui. Et une voix venant du ciel dit: "Tu es mon Fils bien-aimé, en toi je me suis complu" et à nouveau: "Je t'ai engendré aujourd'hui". Et aussitôt une grande lumière éclaira tout le lieu. La voyant, Jean lui dit: "Toi, qui es-tu, Seigneur?". Et à nouveau une voix venant du ciel vers lui: "Celui-ci est mon Fils bien-aimé en qui je me suis complu". S'étant alors prosterné, Jean lui dit: "Je te prie, Seigneur, toi, baptise-moi". Mais Jésus l'empêcha en disant: "Laisse, car c'est ainsi qu'il convient que tout soit accompli"."[2]

Ce qui frappe d'abord dans cette version du baptême de Jésus, c'est la façon dont elle agglomère ses sources: les évangiles synoptiques sont utilisés concurremment sans grand souci d'harmonisation; c'est ainsi par exemple que les trois différentes formulations de la voix divine sont juxtaposées au moyen d'une triple répétition assez artificielle du miracle (cf. Mc 1, 11; Lc 3, 22; Mt. 3, 17)[3]. Par ce procédé de composition le compilateur de l'Evangile des ébionites a voulu substituer un écrit unique à ses modèles canoniques sans pour autant faire disparaître leurs principales particularités.

Il ressort ensuite, et ceci est l'essentiel, que le passage

---

[1] On ne doit pas oublier que l'apocryphe s'intitulait sans doute primitivement Evangile des douze apôtres; Matthieu y jouait certes un rôle important, mais seulement celui d'interprète de ses compagnons.
[2] Ev. des ébion., in EPIPHANE DE SALAMINE, Pan. 30, 13, 7-8; éd. K. HOLL, ibid., p. 350-351.
[3] Voir appendice E, p. 131-132.

implique une christologie réservant une place primordiale à l'événement du Jourdain: c'est au moment du baptême que le Christ est constitué par l'union de Jésus et de l'Esprit. Le texte en donne plusieurs indices. On relèvera en premier lieu, et surtout, la description de la descente de l'Esprit[1]: d'une part, la colombe n'est plus un terme de comparaison, mais le sujet de l'action, ce qui objective et magnifie le phénomène, d'autre part, une fois venue d'en haut, elle pénètre dans Jésus, ce qui sous-entend sa fusion avec lui[2]; en deuxième lieu, la mention d'une lumière surnaturelle[3]: le prodige souligne la transfiguration et la transformation exceptionnelles du baptisé[4]; en troisième lieu, enfin, le dialogue entre Jésus et Jean[5]: ce dernier ne reconnaît le Sauveur qu'après son baptême, c'est-à-dire quand il a été fait Christ[6].

LES ÉBIONITES

Irénée et Hippolyte n'ont laissé sur les ébionites que de brèves notices très peu sûres: ils se contentent d'assimiler la christologie des sectaires à celle de Cérinthe et de Carpocra-

---

[1] "Εἶδεν (Jésus) τὸ Πνεῦμα τὸ ἅγιον ἐν εἴδει περιστερᾶς κατελθούσης καὶ εἰσελθούσης εἰς αὐτόν".
[2] Cf. A. ORBE, La unción del Verbo, Estudios valentinianos, vol. 3, Rome 1961 (AG 113), p. 261-269.
[3] Voir appendice C, p. 129.
[4] Cf. A. ORBE, ibid., p. 281-287.
[5] D'après Mt. 3, 14-15; noter le rejet des versets à la fin de la péricope et le changement de sujet entre "διεκώλυεν" et "ἐκώλυσεν".
[6] Cf. A. ORBE, ibid., p. 288-293. - Dans Jn 1, 31-33, le Précurseur n'identifie pas non plus le Messie de prime abord, mais la descente de l'Esprit n'est pour lui que le signe révélateur d'une réalité antérieure.

te[1]. Epiphane fournit par contre une longue étude assez bien documentée (Pan. 30); on prendra garde seulement au fait qu'il ne décrit qu'une des deux catégories d'ébionites, celle qui fait de Jésus le fils de Joseph, et qu'il feint d'ignorer la seconde, celle qui admet la conception virginale[2].

Voici l'un des passages où l'hérésiologue résume la doctrine de ses adversaires à l'égard de la personne et du baptême de Jésus:

> "Ils posent que Dieu a établi deux êtres...; l'un est le Christ et l'autre le Diable. Ils disent que le Christ a reçu en partage le siècle à venir et que le Diable a obtenu ce siècle-ci en dépôt, cela par ordre du Tout-Puissant à la requête de chacun d'eux. C'est pourquoi ils disent que Jésus a été engendré d'une semence d'homme, qu'il a été élu et appelé ainsi par élection Fils de Dieu, le Christ étant venu d'en haut en lui sous la forme d'une colombe. Ils affirment qu'il n'a pas été engendré de Dieu le Père, mais qu'il a été créé comme l'un des archanges et encore plus excellemment, qu'il est le maître des anges et de toutes les créatures du Tout-Puissant, qu'il est venu dans ce monde et qu'il a été un guide..."[3]

L'extrait comporte plusieurs affirmations irrecevables. Il est très invraisemblable que les ébionites aient jamais professé une descente du Christ sur Jésus au Jourdain. Cette conception est en effet caractéristique du gnosticisme, et l'on n'a sans

---

[1] IRÉNÉE DE LYON, Adv. haer. 1, 26, 2 (texte amendé); HIPPOLYTE DE ROME, Elenchos 7, 34; 10, 22.

[2] Sur ce classement des sectaires, voir ORIGÈNE, Contre Celse 5, 61.65; EUSÈBE DE CÉSARÉE, Hist. eccl. 3, 27, 2-3; cf. M. SIMON, Verus Israël, Etude sur les relations entre chrétiens et juifs dans l'Empire romain (135-425), 2e éd., Paris 1964, p. 291-296. La première école semble a priori plus ancienne.

[3] Ebionites, in EPIPHANE DE SALAMINE, Pan. 30, 16, 2-4; éd. K. HOLL, Epiphanius, Ancoratus und Panarion, 1. Band (Ancoratus und Panarion 1-33), Leipzig 1915 (GCS 25), p. 353-354.

doute ici qu'un exemple de la tendance des Pères à décrire toutes les hérésies sous des traits gnostiques; il est significatif de constater qu'un peu plus haut Epiphane prête la même interprétation aux utilisateurs de l'Evangile des ébionites[1], alors qu'à son propre dire l'apocryphe conserve la donnée orthodoxe, à savoir la descente de l'Esprit[2]. L'erreur a cependant une excuse. Ces sectaires considéraient certainement l'événement du Jourdain comme une pièce essentielle de leur système théologique. Ils y voyaient le moment où la divinité était entrée en contact avec l'humanité, où le fils de Joseph avait été mis à part "par élection"[3] et oint, fait Christ par l'Esprit. Cette onction venue d'en haut pouvait être facilement confondue par un hérésiologue malintentionné avec une descente du Christ. La christologie et l'exégèse du baptême de Jésus de cette première classe d'ébionites sont déjà très exactement résumées plus de deux siècles auparavant par Justin:

"...(il y en a qui disent que le Christ) a été un homme, qu'il a été oint par élection et qu'il est devenu Christ..."[4]

Les autres éléments suspects du passage d'Epiphane sont la préexistence du Christ et sa domination originelle. Ce n'est pas cette fois-ci que les idées soient étrangères au judéo-christianisme[5], mais elles ne peuvent s'être développées que parmi des partisans de la conception virginale, c'est-à-dire dans la seconde classe d'ébionites. Jésus n'est plus alors fait Christ à son baptême, c'est le Christ qui s'unit à Jésus dès avant sa

---

[1] Pan. 30, 14, 4.
[2] Ev. des ébion., in EPIPHANE DE SALAMINE, Pan. 30, 13, 7.
[3] "Κατ'ἐκλογήν": l'expression est peut-être authentiquement ébionite.
[4] Ebionites, in JUSTIN LE MARTYR, Dial. 49, 1; éd. G. ARCHAMBAULT, Justin, Dialogue avec Tryphon, Texte grec, traduction française, introduction, notes et index, 2 vol., Paris 1909 (TD 8 et 11), vol. 1, p. 216-217. - Texte grec: "...ἄνθρωπον γεγονέναι αὐτὸν καὶ κατ'ἐκλογὴν κεχρῖσθαι καὶ Χριστὸν γεγονέναι...".
[5] Cf. par exemple PSEUDO-CLÉMENT DE ROME, Hom. 20, 2, 5-6; ID., Rec. 1, 45, 1-2.

naissance. Cette opinion ne laisse bien entendu qu'une place accessoire à l'événement du Jourdain qui reste au plus l'épisode au cours duquel la descente de l'Esprit confirme la nature divine de Jésus.

L'EVANGILE DES HÉBREUX[1] (1re moitié du 2e siècle?)

Les deux fragments relatifs au baptême de Jésus se lisent dans Jérôme; ils sont l'un et l'autre très courts:

"Descendra sur lui (?) toute source de l'Esprit saint."[2]

"Et il arriva que, lorsque le Seigneur fut remonté de l'eau, toute source de l'Esprit saint descendit, se reposa sur lui et lui dit: "Mon Fils, je t'attendais dans tous les prophètes, j'attendais que tu viennes et que je me repose en toi. Car tu es mon repos, tu es mon Fils premier-né qui règnes pour l'éternité"."[3]

La clé de ces passages est l'oracle d'Es. 11, 1-3[4]. Jérôme ne s'y est d'ailleurs pas trompé, et c'est pour le commenter qu'il les a cités. L'expression "toute source de l'Esprit saint" ("omnis fons Spiritus sancti") fait certainement allusion aux divers dons spirituels d'Es. 11, 2 et la notion de repos renvoie indiscutablement au prédicat de ce même verset. Le baptême du Christ est donc compris comme l'accomplissement de la prophétie. Cette interprétation pourrait bien être, sinon primitive, du

---

[1] Cf. supra, p. 40-41.
[2] et [3] Ev. des hébr., in JÉRÔME, Comm. sur Es. 4, ad Es. 11, 1-3; éd. CCL, t. 73, 1963, p. 148.
[4] Voir K. SCHLUETZ, Isaias 11, 2 (Die sieben Gaben des hl. Geistes) in den ersten vier christlichen Jahrhunderten, Münster in Westfalen 1932 (ATA 11, 4), p. 20-24.

moins très ancienne. On a vu qu'elle se trouve sans doute dans Jean[1] et il en subsiste peut-être également des vestiges dans les synoptiques[2].

Mais ces extraits présentent aussi des particularités plus hétérodoxes. Il faut relever d'abord la conception spécifiquement judéo-chrétienne du prophétisme. Jésus est l'ultime apparition du véritable prophète qui revient d'âge en âge en quête du repos eschatologique[3]. Sa préexistence donne nécessairement à son baptême une valeur relative. En second lieu, on notera la maternité de l'Esprit. Le trait appartient à la gnose judaïsante (le terme "esprit" étant féminin dans les langues sémitiques) et n'est donc pas inattendu dans l'Evangile des hébreux[4]. Il minimise également la portée de l'événement du Jourdain, puisqu'il indique une relation éternelle entre le baptisé et la divinité.

LES KÉRUGMATA PÉTROU (2e siècle)

Il n'y a qu'un seul passage des Homélies et des Reconnaissances du Pseudo-Clément qui soit imputable aux Kérugmata Pétrou et qui fasse clairement mention du baptême de Jésus[5]. C'est une

---

[1] Cf. supra, p. 18, n. 2.
[2] Cf. infra, p. 129-130.
[3] On sait que cette doctrine est formulée de façon quasi classique par les Kérugmata Pétrou: cf. PSEUDO-CLÉMENT DE ROME, Hom. 3, 20, 2; ID., Rec. 2, 22, 4; sur ces deux textes, cf. infra, n. 5.
[4] Cf. Ev. des hébr., in ORIGÈNE, Comm. sur Jean 2, 87; in ID., Hom. sur Jér. 15, 4.
[5] Deux textes de l'apocryphe pétrinien (cf. PSEUDO-CLÉMENT DE ROME, Hom. 3, 20, 2; ID., Rec. 2, 22, 4), parallèles à la péricope du baptême de l'Evangile des hébreux (cf. supra, p. 49), visent peut-être aussi la scène du Jourdain, mais de façon très allusive.

instruction de Pierre sur les diverses onctions:

"En ce temps-là, le grand-prêtre ou le prophète, oint du chrême artificiel[1] et mettant le feu à l'autel de Dieu, était considéré dans le monde entier. Mais après Aaron qui fut grand-prêtre, un autre est tiré des eaux; je ne parle pas de Moïse[2], mais de celui que dans les eaux du baptême Dieu a appelé Fils. Car il s'agit de Jésus, qui a éteint par la grâce du baptême le feu qu'allumait le grand-prêtre pour les péchés. Depuis qu'il est apparu, en effet, a pris fin l'onction, par laquelle la charge de grand-prêtre, de prophète ou de roi était conférée."[3]

Le morceau établit avant tout la caducité du judaïsme traditionnel. Cela n'infirme aucunement son caractère judéo-chrétien, mais situe seulement son milieu d'origine près de l'hétérodoxie juive réformiste. En ce qui concerne les péchés, le vrai prophète abolit les sacrifices et les remplace par le baptême[4]. Pour ce qui est des onctions, il supprime le chrême temporel préparé par l'homme et lui substitue l'huile éternelle de l'ar-

---

[1] Cf. Ex. 30, 23-25.
[2] Cf. Ex. 2, 1-10.
[3] Kérugmata Pétrou, in PSEUDO-CLÉMENT DE ROME, Rec. 1, 48, 3-6; éd. B. REHM, Die Pseudoklementinen, 2. Band, Rekognitionen in Rufins Übersetzung, Berlin 1965 (GCS 51), p. 36. - Cet extrait appartient bien soit aux Kérugmata Pétrou (voir par exemple H. J. SCHOEPS, Theologie und Geschichte des Judenchristentums, Tübingen 1949, p. 51), soit à une autre source judéo-chrétienne ancienne (voir par exemple G. STRECKER, Das Judenchristentum in den Pseudoklementinen, Berlin 1958 (TU 70), p. 229).
[4] Cf. PSEUDO-CLÉMENT DE ROME, Rec. 1, 39; voir Ev. des ébion., in EPIPHANE DE SALAMINE, Pan. 30, 16, 5. Cette victoire de "l'eau" sur "le feu" n'est qu'un aspect de la lutte générale des deux éléments: cf. E. MOLLAND, "La circoncision, le baptême et l'autorité du décret apostolique (Actes 15, 28 sq.) dans les milieux judéo-chrétiens des Pseudo-clémentines", StTheol 9 (1955), p. 1-39, voir p. 20.

bre de vie[1].

Il ne semble pas que l'événement du Jourdain soit une pièce essentielle de cette sotériologie. Jésus est Fils et Christ préexistant[2]; quand à son baptême Dieu le désigne publiquement comme tel, c'est une reconnaissance et non une adoption. L'histoire de Moïse n'est plus qu'une figure, et le Législateur lui-même perd sa place dans la syzygie qu'il formait avec Aaron[3]: seul le Christ s'oppose véritablement à la fausse prophétie.

LES ORACLES SIBYLLINS (2e siècle)[4]

Deux prétendues prophéties du baptême de Jésus ont été prêtées par des chrétiens aux sibylles païennes. La première se situe au début d'un hymne au Christ:

"J'annonce dans ma vaticination le Fils auguste, digne
de chants de l'Immortel,
à qui le Très-Haut procréateur a transmis un trône en
partage
dès avant sa naissance. Après que, selon la chair,
pour la seconde fois
il se sera levé, s'étant lavé sur les rives du fleuve
du Jourdain, qui se déplace de son pas vert, charriant
ses flots,
alors, ayant échappé au feu, le premier il verra un
Dieu bon
venir par l'Esprit, avec les ailes blanches d'une
tourterelle.
Le surgeon sans souillure fleurira, les sources se

---

[1] Cf. PSEUDO-CLÉMENT DE ROME, Rec. 1, 45-47.
[2] Cf. PSEUDO-CLÉMENT DE ROME, Rec. 1, 45, 4-5.
[3] Cf. PSEUDO-CLÉMENT DE ROME, Hom. 2, 16, 7.
[4] La datation concerne Or. sib. 6.7.

mettront à sourdre."[1]

L'autre prophétie appartient au genre traditionnel des oracles contre les nations:

"Ah! Coelé-Syrie...,
infortunée, tu n'as pas connu ton Dieu, qu'un jour a lavé
le Jourdain à trois reprises[2] et sur qui a volé l'Esprit en forme de tourterelle,
qui, auparavant de la terre et du ciel étoilé
le maître, est devenu Logos pour le Père et pour l'Esprit sacré
et qui, ayant revêtu la chair, volait, rapide, vers les demeures du Père...
Tu sacrifieras au Dieu immortel, auguste, glorieux,
non en consumant un grain d'encens par le feu ni en frappant
d'un couteau un bélier laineux, mais en même temps que tous
ceux qui sont de ton sang, en prenant des oiseaux sauvages
qu'en priant tu lâcheras vers le ciel, en les suivant des yeux;
tu feras une libation d'eau sur le feu sans souillure en t'écriant:
"De même que le Père t'a engendré, toi le Logos, ainsi j'ai libéré cet oiseau,
prompt messager de mes paroles, parole lui-même, tandis que par ces eaux sacrées
je répands ton baptême, à travers lequel tu es apparu sortant du feu"."[3]

Il ne faut pas serrer de trop près le sens de ces morceaux,

---

[1] Or. sib. 6, 1-8; éd. J. GEFFCKEN, Die Oracula sibyllina, Leipzig 1902 (GCS 8), p. 130-131.
[2] "A trois reprises": traduction incertaine.
[3] Or. sib. 7, 64.66-70.76-84; éd. J. GEFFCKEN, ibid., p. 136-137.

qui sont plus poétiques que théologiques, et dont le texte est en assez mauvais état. On ne doit pas notamment prendre à la lettre les expressions selon lesquelles au Jourdain le Christ est né "pour la seconde fois" (Or. sib. 6, 3-4) et s'est "lavé" (ibid. 6, 4-5; 7, 66-67): elles décrivent sans intention particulière son baptême comme un baptême chrétien quelconque. Il semble de même exclu qu'on ait jamais pratiqué le rite expiatoire de l'aspersion du feu et du lâcher d'un oiseau (ibid. 7, 76-84); on ne doit en tout cas rien déduire de l'apparente assimilation du Logos et de la colombe (ibid. 7, 82-83; cf. 7, 69-70).

Ce qui par contre est plus sûr dans la signification de ces extraits, c'est l'interprétation des thèmes judéo-chrétiens déjà rencontrés. Comme dans les Kérugmata Pétrou, le baptême de Jésus est en relation avec l'abolition du culte sacrificiel (Or. sib. 7, 76-78) et avec une suprématie de l'eau sur le feu (ibid. 7, 81); comme dans l'Evangile des hébreux, il accomplit la prophétie d'Es. 11, 1-3 sur le "surgeon" messianique et sur les "sources" de l'Esprit (Or. sib. 6, 8); enfin, comme dans la Praedicatio Pauli, il s'accompagne d'un feu surnaturel (Or. sib. 6, 6; 7, 84)[1]. A l'instar de ces trois oeuvres, les Oracles sibyllins ne donnent d'ailleurs sans doute à la scène du Jourdain qu'une importance relative, comme en témoigne leur insistance sur la divinité originelle du Fils (Or. sib. 6, 1-3; 7, 66.68-69).

Il y a donc bien dans le judéo-christianisme, à l'égard du baptême du Christ, deux tendances exégétiques correspondant aux deux groupes de sectaires signalés par les Pères. La première, la plus primitive, situe au Jourdain la constitution du Sauveur en tant que tel, c'est-à-dire l'union de l'homme Jésus et de l'Esprit divin: elle est représentée par l'Evangile des ébionites, par les ébionites de Justin et, en gros, par ceux d'Epiphane; la seconde, influencée par l'orthodoxie, ou bien réduit l'é-

---

[1] Sur le sens de ce détail, cf. appendice B, p. 128.

vénement à un épisode fortuit sans nécessité théologique, ou bien n'y voit qu'une simple confirmation de l'élection éternelle du Christ: elle se trouve attestée d'une part dans l'<u>Evangile des nazaréens</u> et dans la <u>Praedicatio Pauli</u>, d'autre part dans l'<u>Evangile des hébreux</u>, dans les <u>Kérugmata Pétrou</u> et dans les <u>Oracles sibyllins</u>.

CHAPITRE QUATRE

LES GNOSTIQUES NON-VALENTINIENS

Les six notices de ce chapitre sont relatives à Cérinthe, aux nicolaïtes, aux carpocratiens, aux ophites, aux séthiens et aux basilidiens[1]. Elles forment un ensemble relativement cohérent, quoique non homogène. Cérinthe relève encore dans une large mesure du judéo-christianisme, mais son système dualiste dis-

---

[1] Le fragment anonyme sur le baptême de Jésus intitulé Sur l'épiphanie du Seigneur, Extrait des Constitutions apostoliques, qui a été édité et analysé dans l'opuscule d'A. JACOBY, Ein bisher unbeachteter apokrypher Bericht über die Taufe Jesu..., Strasbourg 1902, et qu'on a voulu rattacher à un apocryphe gnostique du deuxième siècle, l'Evangile des égyptiens grec, n'appartient en fait ni au milieu ni à la période étudiés dans ce chapitre: cf. A. DE SANTOS OTERO, Los evangelios apócrifos..., 2e éd., Madrid 1963 (BAC 148), p. 54. - Il y a peut-être en revanche dans les documents de Nag Hammadi encore inédits quelques allusions gnostiques anciennes au baptême de Jésus. On a même annoncé voici déjà longtemps qu'un ouvrage y était en partie consacré; voir H.-Ch. PUECH, "Les nouveaux écrits gnostiques découverts en Haute-Egypte, Premier inventaire et essai d'identification", dans Coptic studies in honor of W. E. Crum, Boston 1950 (BBI 2), p. 91-154, qui décrit le livre 4 du volume 10 (n° 40 de la liste continue), - aujourd'hui écrit 3 du codex 9 intitulé Témoignage de vérité -, comme un "traité roulant tout particulièrement sur le baptême du Christ et sur le personnage de Jean-Baptiste, dont il donne une interprétation symbolique" (p. 108). Sur un autre ouvrage de Nag Hammadi, cf. infra, p. 64, n. 3.

tinguant le Démiurge du Père inconnu fait de lui un gnostique[1]. Les nicolaïtes et les carpocratiens semblent s'être caractérisés notamment par leur antilégalisme et leur amoralisme, c'est-à-dire par leur volonté de prendre le contre-pied de la tradition juive et de se libérer de l'ordre de la création[2]. Les ophites et les séthiens auraient développé une gnose mythologique, par le biais d'une réinterprétation de toutes sortes de données religieuses de provenance hellénistique[3]. Quant aux basilidiens, ils annoncent déjà le valentinisme, tout en présentant des tendances philosophiques spécialement accentuées[4].

CÉRINTHE (enseigne vers 90?)

Pour connaître la christologie et l'exégèse de l'hérésiarque, la source la plus ancienne et la plus importante est la notice d'Irénée; il faut la reproduire dans sa totalité:

> "Un certain Cérinthe, en Asie, a enseigné que ce n'est pas le premier Dieu qui a fait le monde, mais une puissance tout à fait distincte et éloignée de l'autorité qui est au-dessus de l'univers, et ignorante du Dieu qui est au-dessus de tout. Il a soutenu que Jésus n'est pas né d'une vierge (car cela lui a paru impossible)[5], mais qu'il était le fils de Joseph et de Marie, semblablement à tous les autres hommes, et

---

[1] Voir G. BAREILLE, art. "Cérinthe", dans DTC, t. 2, vol. 2, 3e éd., 1932, col. 2151-2155.
[2] Voir respectivement N. BROX, "Nikolaos und Nikolaiten", VigChr 19 (1965), p. 23-30 et H. LEISEGANG, La gnose [traduit de l'allemand], Paris 1951 (BH), p. 176-184.
[3] Voir pour les deux sectes H. LEISEGANG, ibid., p. 81-128.
[4] Voir W. FOERSTER, "Das System des Basilides", NTS 9 (1962-1963), p. 233-255.
[5] Glose probable.

qu'il les a tous surpassés par sa justice, son discernement et sa sagesse; après son baptême, venant de l'autorité qui est au-dessus de tout, le Christ est descendu en lui sous la forme d'une colombe; alors Jésus a annoncé le Père inconnu et a accompli des miracles; à la fin, le Christ est reparti de Jésus en volant, Jésus a souffert et est ressuscité, mais le Christ, qui était spirituel, est demeuré impassible."[1]

La doctrine prêtée à Cérinthe est assez simple. Jésus possède à l'origine une nature entièrement humaine; il la conserve finalement inchangée. A son baptême[2] il devient le réceptacle du Sauveur, mais à sa mort[3] il perd cette fonction. Il n'est l'agent de la rédemption que durant sa vie active, sa prédication et ses signes étant les seuls moyens par lesquels s'opère le salut. Bref, il ne s'unit jamais définitivement au principe divin, qui vient certes, sous la forme d'une colombe, habiter un temps son corps, mais qui plus tard, sans doute de la même manière, le

---

[1] CÉRINTHE, in IRÉNÉE DE LYON, Adv. haer. 1, 26, 1; éd. W. W. HARVEY, Sancti Irenaei episcopi lugdunensis libri quinque adversus haereses..., 2 vol., Cambridge 1857, vol. 1, p. 211-212. - Ces données ont été reprises presque mot à mot par les hérésiologues ultérieurs: cf. HIPPOLYTE DE ROME, Elenchos 7, 33; 10, 21; EPIPHANE DE SALAMINE, Pan. 28, 1, 4-7.

[2] Selon le texte, "après son baptême", mais il faut simplement comprendre, comme dans les synoptiques, "après sa sortie de l'eau".

[3] Littéralement, "sur la fin" (cf. HIPPOLYTE DE ROME, Elenchos 7, 33, 2; 10, 21, 3), ce qui peut désigner, comme pour le gnostique Justin (ibid. 5, 26, 32), le moment où il "rend l'esprit" (cf. Lc 23, 46); la variante "avant la Passion" (IRÉNÉE DE LYON, Adv. haer. 3, 16, 5) concernerait alors des sectaires encore plus radicalement docètes, comme les ophites (cf. infra, p. 61-63).

quitte pour toujours[1]. Ce point est capital; il distingue notamment cette christologie de celle des judéo-chrétiens de type primitif pour qui c'est de façon réelle et irréversible que Jésus devient Fils.

Mais il subsiste la question essentielle de l'authenticité de cette interprétation. Cérinthe en est-il vraiment l'auteur, ou bien Irénée lui attribue-t-il l'exégèse de disciples tardifs? Dans l'ensemble, la notice inspire plutôt confiance. La négation de la conception virginale, l'insistance sur les mérites de Jésus, la croyance en sa résurrection en tant qu'homme sont des traits qui peuvent s'accorder avec les tendances judaïsantes de l'hérésiarque. Il reste néanmoins extrêmement hasardeux d'affirmer que la théorie gnostique du Christ supérieur était déjà formulée à la fin du premier siècle. Irénée se trompe en tout cas certainement quand, dans un autre passage tout à fait équivalent (à ceci près qu'il associe les nicolaïtes à Cérinthe), il croit trouver une confirmation de l'ancienneté de cette doctrine dans le fait qu'elle aurait été réfutée par "Jean": il y a bien eu une condamnation de Cérinthe par l'apôtre[2] (et des nicolaïtes par l'auteur de l'Apocalypse[3]), mais rien n'indique que ce soit à ce propos; voici cependant ce second extrait:

> "C'est cette foi[4] qu'annonce Jean, le disciple du Seigneur, voulant par l'annonce de l'Evangile extirper l'erreur semée parmi les hommes par Cérinthe et bien avant par ceux qu'on appelle nicolaïtes (lesquels sont un surgeon de ce qu'on nomme à tort la gnose); il voulait les confondre et les persuader qu'il n'y a qu'un seul Dieu, qui a tout fait par son Verbe, et non, comme ils disent, d'une part le Démiurge, d'autre part le Père du Seigneur, d'une part le fils du Démiurge, d'autre part le Christ d'en haut qui serait demeuré

---

[1] Ce serait la plus ancienne substitution connue du Christ d'en haut à l'Esprit saint dans la scène du Jourdain; cf. appendice D, p. 129-130.
[2] Cf. IRÉNÉE DE LYON, Adv. haer. 3, 3, 4.
[3] Cf. Ap. 2, 6.15.
[4] En un seul et même Dieu.

impassible, descendant dans Jésus, le fils du Démiurge, et qui serait reparti dans son Plérôme en volant..."[1]

LES NICOLAÏTES

La seule allusion connue des nicolaïtes au baptême du Jourdain est celle qu'Irénée leur prête dans le texte précédent, selon laquelle, comme pour Cérinthe, le Christ d'en haut serait alors descendu dans Jésus; qu'il suffise donc de répéter qu'il n'est a priori pas impossible que les sectaires aient professé cette exégèse, mais qu'il est très douteux qu'ils l'aient fait avant le deuxième siècle.

LES CARPOCRATIENS

C'est encore Irénée qui est le principal témoin de l'interprétation des carpocratiens:

"Carpocrate et ses sectateurs disent que le monde, avec ce qu'il contient, a été fait par des anges bien inférieurs au Père inengendré. Jésus est issu de Joseph; quoiqu'il ait été semblable au reste des hommes, il s'en est distingué en ce que son âme, qui était forte et pure, avait reçu le don de se rappeler ce qu'elle avait vu lors de ses relations avec le Dieu

---

[1] CÉRINTHE et nicolaïtes, in IRÉNÉE DE LYON, Adv. haer. 3, 11, 1; éd. F. SAGNARD, Irénée de Lyon, Contre les hérésies, livre 3, Texte latin, fragments grecs, introduction, traduction et notes, Paris 1952 (SC 34), p. 178-181.

inengendré; et c'est pourquoi ce dernier lui a envoyé une puissance, afin qu'elle puisse échapper aux démiurges du monde et que, passée par eux tous et chaque fois délivrée, elle monte vers lui. Quant aux âmes qui, comme elle, s'attachent à des choses semblables, il leur arrive de même."[1]

Il est vraisemblable que cette descente d'une "puissance" dans l'"âme" de Jésus est celle de la colombe à son baptême, car on ne voit pas à quel autre moment de sa vie la situer[2]. Le passage étant peu explicite, on notera seulement que l'événement du Jourdain aurait pour unique fonction de fournir à Jésus le moyen de sauver ce qui en lui est susceptible de l'être; sa signification ne serait pas différente de celle du baptême d'un quelconque élu, ce qui cadrerait assez bien avec la théorie carpocratienne selon laquelle le Sauveur n'est que le type accompli et exemplaire du gnostique[3].

LES OPHITES

Les seuls renseignements anciens sur la christologie et l'exégèse des sectaires proviennent d'Irénée, qui est donc une nouvelle fois un informateur précieux. Sa longue notice sur les gnostiques anonymes traditionnellement identifiés aux ophites (Adv. haer. 1, 30) décrit un système mythologique assez com-

---

[1] Carpocratiens, in IRÉNÉE DE LYON, Adv. haer. 1, 25, 1; éd. W. W. HARVEY, Sancti Irenaei episcopi lugdunensis libri quinque adversus haereses..., 2 vol., Cambridge 1857, vol. 1, p. 204-205. - Voir le texte parallèle d'Hippolyte (Elenchos 7, 32, 1-2) et celui, divergent, d'Epiphane (Pan. 27, 2, 1-6).
[2] Cf. W. BAUER, Das Leben Jesu im Zeitalter der neutestamentlichen Apokryphen, Tübingen 1909, p. 127-128.
[3] Voir IRÉNÉE DE LYON, Adv. haer. 1, 25, 2; HIPPOLYTE DE ROME, Elenchos 7, 32, 3-4.

plexe, dont les protagonistes sont le Premier Homme (le Père), le Deuxième Homme (le Fils), la Première Femme (l'Esprit), leur fils commun, le Troisième Homme (le Christ), la fille de la Femme, Sophia ou Prounicos (l'élément déchu) et le fils de cette dernière, Ialdabaoth (le principal démiurge). Sophia, repentante, multiplie ses efforts pour restaurer l'ordre originel; elle finit par susciter Jean-Baptiste et Jésus:

>"Prounicos fit effectuer par Ialdabaoth, à son insu, la venue de deux hommes, issus l'un de la stérile Elisabeth, l'autre de la Vierge Marie. Et puisqu'elle n'avait elle-même de repos ni au ciel ni sur la terre, dans sa détresse elle appela sa mère à l'aide. Celle-ci, la Première Femme, émue par le repentir de sa fille, demanda au Premier Homme de lui envoyer l'aide du Christ; et ce dernier partit et descendit vers sa soeur et vers l'humeur lumineuse[1]. Sophia, en bas, apprenant que son frère descendait vers elle[2], fit annoncer sa venue par Jean, préparer le baptême de pénitence et prédisposer Jésus, afin qu'en descendant le Christ trouve un vase pur et que, par Ialdabaoth, son fils à elle, il annonce la Femme. Le Christ descendit donc à travers les sept cieux...et en descendant dans ce monde revêtit d'abord sa soeur Sophia... Quant à Jésus, il est né de la Vierge, engendré par l'opération de Dieu, et il a été plus sage, plus pur et plus juste que tous les hommes. Le Christ uni à Sophia est descendu en lui, et c'est ainsi qu'a été fait Jésus-Christ. Ils disent donc que beaucoup de disciples de Jésus ont ignoré la descente du Christ en lui: pourtant c'est alors qu'il a commencé à accomplir des miracles, à guérir, à annoncer le Père inconnu et à se dire clairement Fils du Premier Homme. Les princes du monde et son Père[3] s'en irritèrent et agirent pour le

---

[1] "Humectatio luminis": la substance divine enfermée dans la matière.
[2] Texte légèrement corrigé.
[3] Ialdabaoth.

> tuer; ils disent que, tandis qu'on l'emmenait, le
> Christ, lui, passa avec Sophia dans l'Eon incorrupti-
> ble; Jésus fut crucifié, mais le Christ ne l'oublia
> pas, et il envoya d'en haut une puissance en lui, qui
> le réanima corporellement... Ils veulent confirmer la
> descente et l'ascension du Christ par le fait que les
> disciples de Jésus disent que, ni avant son baptême,
> ni après sa résurrection des morts, il n'a fait quel-
> que chose de grand..."[1]

La doctrine exposée dans ce passage est pour l'essentiel celle qui était déjà prêtée à Cérinthe: elle affirme en effet avant tout l'union temporaire du Christ et de Jésus entre le baptême et la passion. L'incompatibilité des natures divine et humaine fait que le Christ ne peut assumer dans ce monde que ce qui lui est consubstantiel, à savoir sa soeur Sophia; s'il s'incarne dans un homme au Jourdain, c'est uniquement pour en faire l'instrument de sa prédication et de ses signes. On notera par ailleurs que, malgré sa conception virginale (qui dénote sans doute un gnosticisme relativement tardif), Jésus doit être purifié pour recevoir le Sauveur: c'est, semble-t-il, une fonction accessoire de son baptême.

LES SÉTHIENS

Un passage d'Hippolyte laisse entendre que les sectaires considéraient que le baptême du Christ était destiné à lui enlever la souillure de l'incarnation:

> "Il ne suffit pas, dit-il (le séthien), que
> l'Homme parfait, le Logos, ait pénétré dans la matrice
> d'une vierge et qu'il mette en naissant un terme aux

---

[1] Ophites, in IRÉNÉE DE LYON, Adv. haer. 1, 30, 11-14; éd. W. W. HARVEY, Sancti Irenaei episcopi lugdunensis libri quinque adversus haereses..., 2 vol., Cambridge 1857, vol. 1, p. 238-239.

douleurs de ce lieu de ténèbres; car après avoir pénétré dans les mystères impurs de la matrice, il s'est
lavé et a bu la coupe d'eau vive jaillissante..."[1]

Il est en effet vraisemblable que cette purification du Sauveur est une interprétation de l'événement du Jourdain[2]. L'allusion à la péricope de la Samaritaine (Jn 4, 5-42) confirme que l'auteur se situe au plan de la vie historique de Jésus[3].

LES BASILIDIENS

Les sources sont constituées cette fois-ci par trois textes

---

[1] Séthiens, in HIPPOLYTE DE ROME, Elenchos 5, 19, 21; éd. P. WENDLAND, Hippolytus Werke, 3. Band, Refutatio omnium haeresium, Leipzig 1916 (GCS 26), p. 120.

[2] Cf. A. ORBE, La unción del Verbo, Estudios valentinianos, vol. 3, Rome 1961 (AG 113), p. 293, n. 15. - On pourrait de même voir une exégèse lointaine du baptême de Jésus dans le "bain d'Elohim" du gnostique Justin (HIPPOLYTE DE ROME, Elenchos 5, 27, 3).

[3] Il faudrait peut-être ajouter à la notice cet extrait d'un traité de Nag Hammadi, la Paraphrase de Sem: "Then I [le Sauveur] shall come, through the demon, down to the water. And whirlpools of water and flames of fire will rise up against me. Then I shall come out of the water after I have put on the light of Faith and the unquenchable fire, in order that the Power of the Spirit, which will be sown in the creation by the winds and the demons and the stars, may cross over through the opportunity I provide" (Par. de Sem, p. 32, l. 5-17). L'ouvrage, encore inédit (le morceau précédent est cité d'après l'article de F. WISSE, "The redeemer figure in the Paraphrase of Shem", NovTest 12 (1970), p. 130-140, voir p. 137), pourrait bien s'avérer séthien; toutefois l'allusion au baptême du Christ elle-même n'est pas certaine.

de Clément[1]. Deux sont relatifs à l'appellation de "serviteur" donnée par les sectaires à l'Esprit descendu sur Jésus au Jourdain:

> "La colombe est apparue comme un corps, elle qui est nommée par les uns Saint-Esprit et par les disciples de Basilide serviteur..."[2]

> "...les sectateurs de Basilide interprètent cette citation[3] en disant que l'Archonte lui-même, ayant entendu parler l'Esprit en tant que serviteur, fut stupéfait d'être évangélisé contre toute espérance à la fois par la voix et par la vision, et que sa stupeur fut appelée crainte, cette dernière étant commencement de sagesse... L'ignorance de l'Archonte[4] est-elle donc celle des choses bonnes ou celle des choses inférieures? Si c'est celle des choses bonnes, pourquoi est-elle interrompue par de la stupeur? et ils sont superflus, leur serviteur, leur prédication et leur baptême; et si c'est celle des choses inférieures, comment le mal peut-il causer ce qu'il y a de meilleur? car si l'ignorance n'avait pas existé d'abord, le serviteur ne serait pas descendu, la stupeur n'aurait pas saisi l'Archonte, comme ils disent, et celui-ci n'aurait pas

---

[1] On a pensé également à un passage de l'exposé d'Hippolyte sur Basilide (Elenchos 7, 26, 8-9): cf. A. ORBE, La unción del Verbo, Estudios valentinianos, vol. 3, Rome 1961 (AG 113), p. 165-166 et 281-283; il s'agit d'un commentaire de Lc 1, 35 ("Un Esprit saint viendra sur toi, et une puissance du Très-Haut te couvrira de son ombre") qu'on peut rapporter plutôt à l'incarnation.
[2] Basilidiens, in CLÉMENT D'ALEXANDRIE, Extr. de Théod. 16; éd. F. SAGNARD, Clément d'Alexandrie, Extraits de Théodote, Texte grec, introduction, traduction et notes, Paris 1948 (SC 23), p. 88-89.
[3] "Le commencement de la sagesse, c'est la crainte de Dieu" (Pr. 1, 7).
[4] Nécessairement présupposée, selon Clément, par sa "stupeur".

tiré un commencement de sagesse de sa crainte..."[1]

L'origine et la signification exactes de cet emploi technique de "διάκονος" sont peu claires[2]. Le contexte mythique dans lequel le terme apparaît ici est cependant compréhensible: les prodiges consécutifs au baptême de Jésus, la voix et la colombe (qui sont d'ailleurs équivalentes puisque la parole divine est prononcée par le Saint-Esprit lui-même), sont perçus par le Démiurge et provoquent en lui une prise de conscience de sa relation avec l'universel, une illumination de type gnostique[3]. Mais est-ce là la seule fin de l'événement du Jourdain? sa fin principale? ou au contraire un effet secondaire? on ne peut pas le savoir.

Le troisième texte concerne la fête que les basilidiens célébraient pour commémorer le baptême du Christ:

"Les disciples de Basilide fêtent aussi le jour de son (de notre Sauveur) baptême, en passant toute la nuit précédente en lectures. Ils disent qu'il eut lieu l'an quinze de Tibère César[4], le quinze du mois de Tybi, mais, selon certains, ce fut le onze du même mois."[5]

Ce morceau atteste simplement l'importance accordée par les

---

[1] Basilidiens, in CLÉMENT D'ALEXANDRIE, Strom. 2, 36, 1; 2, 38, 1-2; éd. O. STAEHLIN, Clemens Alexandrinus, 2. Band, Stromata 1-6, Leipzig 1906 (GCS 15), p. 131-133.
[2] Cf. appendice D, p. 129-130.
[3] D'après Hippolyte (Elenchos 7, 26, 1-4), Basilide aurait toutefois situé la prétendue scène de Pr. 1, 7, non dans l'ordre historique de la création, mais dans la sphère supraterrestre de l'Ogdoade, l'Archonte, Jésus et le Saint-Esprit étant remplacés par le Grand Archonte, son Fils et l'"Evangile".
[4] Lc 3, 1.
[5] Basilidiens, in CLÉMENT D'ALEXANDRIE, Strom. 1, 146, 1-2; éd. O. STAEHLIN, ibid., p. 90.

sectaires à l'événement du Jourdain[1].

Comme il fallait s'y attendre, ces données montrent que les gnostiques non-valentiniens ont donné du baptême du Christ des interprétations fort diverses. Les informations sur l'exégèse des nicolaïtes et des carpocratiens sont du reste trop allusives et celles sur l'opinion des basilidiens trop partielles pour être vraiment utilisables. On peut relever toutefois chez les autres sectaires deux explications communes: pour Cérinthe, ou pour ses disciples, et pour les ophites, l'événement du Jourdain est le début de l'union provisoire du Christ et de Jésus; pour les ophites et pour les séthiens, il a sans doute pour fonction de purifier ce dernier de la souillure charnelle. Il faut noter que dans l'un et l'autre cas c'est la dichotomie radicale entre le Sauveur d'en haut et son réceptacle humain qui permet de dépasser les solutions judéo-chrétiennes de la "christification" et de la "peccabilité" de Jésus.

---

[1] Le 15 Tybi est le 10 janvier, et le 11 Tybi le 6 janvier, mais il y aurait sans doute anachronisme à parler d'Epiphanie. - Sur les premières datations du baptême de Jésus, voir W. BAUER, <u>Das Leben Jesu im Zeitalter der neutestamentlichen Apokryphen</u>, Tübingen 1909, p. 304-306.

CHAPITRE CINQ

LES GNOSTIQUES
VALENTINIENS

Sous ce titre sont réunis cinq disciples directs ou indirects de Valentin, Ptolémée le Gnostique, Héracléon, Théodote le Gnostique, Marc le Mage et Colorbasus. Leurs notices seront précédées d'une sixième sur les valentiniens destinée à regrouper quelques témoignages trop généraux ou trop imprécis pour être affectés à un auteur particulier[1]. Si l'on veut classer ces cinq exégètes, on adoptera la division du valentinisme en deux écoles rapportée par Hippolyte, qui correspond vraisemblablement à un schisme réel[2]; mais il ne faudra pas oublier que le différend porte sur la formation du corps de Jésus et ne concerne donc qu'indirectement son baptême. Selon l'hérésiologue, Ptolémée et Héracléon appartiennent à la branche "italique" qui considère le Christ d'en bas comme psychique jusqu'au Jourdain[3]. D'après Clément, Théodote se rattacherait au contraire à la tendance "orientale"[4] qui fait intervenir l'Esprit dès la conception[5]. Marc a enseigné en Asie[6], et il paraît en effet s'apparenter

---

[1] Sur les valentiniens, voir F. SAGNARD, La gnose valentinienne et le témoignage de saint Irénée, Paris 1947 (EPM 36).
[2] Elenchos 6, 35, 5-7; à propos de ce texte, voir infra, p. 69-70.
[3] Sur Ptolémée et Héracléon, voir F. SAGNARD, ibid., d'une part p. 140-232, 306-320 et 451-479, d'autre part p. 480-520.
[4] Le titre complet des Extraits de Théodote est "Extraits des oeuvres de Théodote et de l'école dite orientale à l'époque de Valentin".
[5] Sur Théodote, voir F. SAGNARD, ibid., p. 521-561.
[6] Cf. IRÉNÉE DE LYON, Adv. haer. 1, 13, 5.

surtout à Théodote[1]. Quant à Colorbasus, il semble que ce soit un obscur partisan de Marc, mais sa dénomination et son existence même sont incertaines[2].

LES VALENTINIENS

C'est dans le développement d'Hippolyte sur les deux branches du valentinisme qu'on trouve le meilleur résumé de l'exégèse de l'école italique:

> "Ceux d'Italie, dont Héracléon et Ptolémée, disent que le corps de Jésus est né psychique. C'est pourquoi, au baptême, l'Esprit, comme une colombe, est descendu, - c'est le Logos de la Mère d'en haut (de Sophia) -, il a crié à l'élément psychique et l'a éveillé d'entre les morts. C'est, dit cette école, ce

---

[1] Sur Marc, voir F. SAGNARD, ibid., p. 358-386.
[2] Sur Colorbasus, voir G. BAREILLE, art. "Colorbasus", dans DTC, t. 3, vol. 1, 3e éd., 1938, col. 378-380. - Il faut mentionner ici, pour mémoire, le Pap. Egerton 3. Le manuscrit, qui ne reproduit aucune oeuvre connue, contient une citation de Jn 1, 29, malheureusement sans interprétation intelligible (l. 67-71). Selon ses éditeurs (cf. H. I. BELL et T. C. SKEAT, Fragments of an unknown gospel and other early Christian papyri, Londres 1935, p. 42-51), sa localisation (Egypte), sa date (début du troisième siècle) et sa nature littéraire (exégèse), considérées ensemble, recommandent un auteur gnostique; ce serait un rappel très concret de l'existence des Commentaires sur Jean aujourd'hui perdus de Ptolémée et d'Héracléon (voir B. ALTANER, Précis de patrologie [adapté de l'allemand par H. Chirat], Mulhouse 1961 (PSal), p. 197-198). Cependant, selon un autre critique (cf. H. CHADWICK, "The authorship of Egerton papyrus n° 3", HTR 49 (1956), p. 145-151), il s'agirait d'un fragment d'un écrit non identifié d'Origène.

> qui est dit: "Celui qui a éveillé le Christ d'entre
> les morts vivifiera aussi vos corps mortels"[1], à sa-
> voir psychiques; car, dit-elle, le limon est soumis à
> une malédiction: "Car tu es terre, et tu retourneras à
> la terre"[2]."[3]

L'identification de l'Esprit n'est pas très claire[4]: faut-il comprendre qu'il est assimilé au "Logos de la Mère d'en haut, <u>qui est</u> Sophia" ou mieux au "Logos de la Mère d'en haut, <u>celle de</u> Sophia"? En tout cas, la colombe est à la fois Logos, c'est-à-dire Sauveur, ce qui est une caractéristique valentinienne commune, et Pneuma, ou Esprit, ce qui est donc une particularité de l'école italique. Les deux entités ne sont d'ailleurs sans doute pas réellement équivalentes, et on doit peut-être supposer qu'elles se sont réunies en syzygie avant de descendre conjointement sur le Christ psychique. Il faut par comparaison probablement rattacher à la même tendance théologique ces deux passages de Clément:

> "La colombe est apparue comme un corps, elle qui
> est nommée par les uns Saint-Esprit...et par les dis-
> ciples de Valentin Esprit de la Pensée du Père..."[5]

> "Il (Jésus) est mort lorsque l'Esprit descendu
> sur lui au Jourdain s'est séparé de lui..."[6]

---

[1] <u>Rm</u>. 8, 11.
[2] <u>Gn</u>. 3, 19.
[3] Valentiniens, HÉRACLÉON et PTOLÉMÉE LE GNOSTIQUE, <u>in</u> HIPPOLYTE DE ROME, <u>Elenchos</u> 6, 35, 6-7; éd. P. WENDLAND, <u>Hippolytus Werke</u>, <u>3. Band</u>, <u>Refutatio omnium haeresium</u>, Leipzig 1916 (GCS 26), p. 165.
[4] Texte grec: "Τὸ Πνεῦμα...τουτέστιν ὁ Λόγος ὁ τῆς Μητρὸς ἄνωθεν τῆς Σοφίας".
[5] Valentiniens, <u>in</u> CLÉMENT D'ALEXANDRIE, <u>Extr. de Théod</u>. 16; éd. F. SAGNARD, <u>Clément d'Alexandrie</u>, <u>Extraits de Théodote</u>, <u>Texte grec</u>, <u>introduction</u>, <u>traduction et notes</u>, Paris 1948 (SC 23), p. 88-89.
[6] Valentiniens, <u>in</u> CLÉMENT D'ALEXANDRIE, <u>Extr. de Théod</u>. 61, 6; éd. F. SAGNARD, <u>ibid</u>., p. 180-181.

Comme exemple de l'interprétation de l'école orientale, on peut retenir cet extrait d'Irénée:

> "Il en est qui disent qu'il (le Démiurge) a émis un Christ, son fils, lui aussi psychique; c'est de lui qu'il a parlé par les prophètes. Ce Christ est celui qui est passé par Marie, comme de l'eau par un tube; c'est en lui qu'au baptême est descendu le Sauveur, provenant du Plérôme, de tous les éons, sous la forme d'une colombe. Il y a eu aussi en lui la semence spirituelle venant d'Achamoth[1]. Notre Seigneur a donc été composé, à ce qu'ils affirment, de ces quatre éléments, conservant la figure de la tétrade originelle et première: du spirituel - ce qui venait d'Achamoth -, du psychique - ce qui venait du Démiurge -, de l'économie[2] - ce qui avait été organisé avec un art indicible - et du Sauveur - ce qu'était la colombe qui descendit en lui -."[3]

Cette fois-ci la colombe n'est donc que le Sauveur, l'élément pneumatique étant intégré à Jésus avant sa naissance même. Il faut souligner que cette semence spirituelle n'est qu'une partie composante du corps du Christ d'en bas et ne constitue

---

[1] La Sagesse.
[2] L'enveloppe extérieure, le corps sensible de Jésus, apparemment hylique et en réalité psychique.
[3] Valentiniens, in IRÉNÉE DE LYON, Adv. haer. 1, 7, 2; éd. W. W. HARVEY, Sancti Irenaei episcopi lugdunensis libri quinque adversus haereses..., 2 vol., Cambridge 1857, vol. 1, p. 60-61. - Le texte est conservé en grec par Epiphane (Pan. 31, 22, 1-2) et paraphrasé par Tertullien (Adv. val. 27, 1-2). Il est tiré de "la grande notice" valentinienne d'Irénée (Adv. haer. 1, 1, 1 à 1, 8, 4), qui, on le sait, décrit généralement la doctrine de Ptolémée (cf. F. SAGNARD, La gnose valentinienne et le témoignage de saint Irénée, Paris 1947 (EPM 36), p. 199-232); mais le contenu est ici visiblement incompatible avec la thèse de l'école italique et provient nécessairement d'une source orientale (voir aussi Adv. haer. 1, 6, 1).

aucunement le principe rédempteur divin actif[1].

Pour tous les valentiniens, le baptême du Jourdain est ainsi le moment de l'union du Sauveur et de Jésus, union incomplète et provisoire puisque les substances psychique et pneumatique ne se mêlent pas et retournent l'une au Démiurge et l'autre au Père[2]. C'est la confusion entre le Christ d'en haut et le Saint-Esprit qu'ont bien sûr retenue avant tout les hérésiologues; Irénée en particulier ne se lasse pas de la dénoncer:

> "Non, le Christ n'est pas descendu à ce moment-là (au baptême) dans Jésus; non, le Christ n'est pas un autre que Jésus."[3]

> "Les faussaires gnostiques disent que ces anges[4] sont venus de l'Ogdoade et ont manifesté la descente du Christ supérieur. Mais ils se réfutent eux-mêmes quand ils disent aussi que celui qui en haut est le Christ et le Sauveur n'est pas né, mais qu'après le baptême de celui qui est de l'économie, Jésus, il est descendu en lui comme une colombe. Ils mentent donc,

---

[1] Cf. HIPPOLYTE DE ROME, Elenchos 6, 35, 7.
[2] De très riches spéculations se relient à cette théorie: parallélismes entre la génération primordiale du Fils et la conception virginale, entre l'onction du Christ dans le Plérôme et le baptême, entre la μόρφωσις κατ'οὐσίαν des trente années de vie cachée et la μόρφωσις κατὰ γνῶσιν consécutive à la descente du Sauveur, entre les douze mois d'enseignement public du prophète psychique et les dix-huit mois d'initiation gnostique du ressuscité pneumatique, etc.; voir A. ORBE, La unción del Verbo, Estudios valentinianos, vol. 3, Rome 1961 (AG 113), p. 325-394, surtout p. 345-351 ("El bautismo y la actividad de Jesús"). - Sur la colombe, voir appendice D, p. 129-130.
[3] Valentiniens, in IRÉNÉE DE LYON, Adv. haer. 3, 9, 3; éd. F. SAGNARD, Irénée de Lyon, Contre les hérésies, livre 3, Texte latin, fragments grecs, introduction, traduction et notes, Paris 1952 (SC 34), p. 158-159. - Voir le contexte irénéen de ce passage infra, p. 109-111.
[4] Les envoyés célestes apparus à la nativité (Lc 2, 9-14).

les anges de l'Ogdoade, selon eux, quand ils disent:
"Car il vous est né aujourd'hui un Sauveur, qui est le
Christ Seigneur, dans la cité de David"[1]. En effet, ni
le Christ ni le Sauveur ne sont alors nés, selon eux,
mais celui qui est de l'économie, Jésus, le fils du
Démiurge, dans lequel, après son baptême, c'est-à-dire
trente ans après, le Sauveur supérieur est descendu, à
ce qu'ils disent."[2]

"(Ils disent:) "Le Sauveur ne s'est pas incarné
et n'a pas souffert; il est descendu comme une colombe
dans le Jésus issu de l'économie et, après avoir annoncé le Père inconnu, il est remonté au Plérôme... Il
(le Logos) n'a pas pris la forme de l'homme, mais est
descendu comme une colombe dans le Jésus né de Marie"."[3]

"Il en est qui disent que Jésus a été du moins le
réceptacle du Christ: en lui le Christ est descendu
d'en haut comme une colombe et, après avoir révélé le
Père qui n'a pas de nom, il est entré de façon insaisissable et invisible au Plérôme..."[4]

"Car les apôtres auraient pu dire que le Christ
était descendu dans Jésus ou le Sauveur d'en haut dans
un Sauveur qui soit de l'économie ou un des lieux in-

---

[1] Lc 2, 11.
[2] Valentiniens, in IRÉNÉE DE LYON, Adv. haer. 3, 10, 4; éd. F. SAGNARD, ibid., p. 170-173.
[3] Valentiniens, in IRÉNÉE DE LYON, Adv. haer. 3, 11, 3; éd. F. SAGNARD, ibid., p. 184-187.
[4] Valentiniens, in IRÉNÉE DE LYON, Adv. haer. 3, 16, 1; éd. F. SAGNARD, ibid., p. 276-277.

visibles dans un du Démiurge..."[1]

PTOLÉMÉE LE GNOSTIQUE (enseigne entre 150 et 180)

L'unique source est ici la notice d'Hippolyte citée plus haut[2]. Ce qui subsiste de l'oeuvre de l'hérésiarque ne concerne en effet pas le baptême de Jésus[3].

HÉRACLÉON (enseigne entre 150 et 180)

Il faut aussi renvoyer pour Héracléon à ce même passage déjà mentionné d'Hippolyte[4]. Mais on a conservé également, par l'intermédiaire d'Origène, l'interprétation que l'exégète gnostique donnait dans son Commentaire sur Jean de Jn 1, 29 ("Voici l'agneau de Dieu qui enlève le péché du monde"):

"Revenu à cet endroit, Héracléon déclare, sans

---

[1] Valentiniens, in IRÉNÉE DE LYON, Adv. haer. 3, 17, 1; éd. F. SAGNARD, ibid., p. 302-303. - Voir le contexte irénéen de ce passage infra, p. 111-112. On relèvera par ailleurs un curieux extrait d'Hippolyte (Elenchos 8, 10, 7-8): selon la prétendue secte des "docètes" (il s'agit sans doute en fait d'une forme édulcorée du valentinisme), Jésus aurait été baptisé pour acquérir un corps spirituel en vue de sa résurrection; sur ce morceau, voir A. ORBE, ibid., p. 349, n. 20.
[2] Voir supra, p. 69-70.
[3] Le texte de "la grande notice" valentinienne d'Irénée interprétant l'événement du Jourdain (Adv. haer. 1, 7, 2) ne représente pas la doctrine de Ptolémée: cf. supra, p. 71, n. 3.
[4] Voir supra, p. 69-70.

aucun raisonnement ni aucune preuve à l'appui, que
c'est en tant que prophète que Jean(-Baptiste) dit
"agneau de Dieu" et en tant que plus que prophète
qu'il ajoute "qui enlève le péché du monde". Il pense
que la première expression est dite du corps de Jésus
et la seconde de ce qui est dans son corps; car l'a-
gneau est imparfait dans la race des ovins, et il en
est de même du corps par rapport à ce qui l'habite. Si
Jean, dit-il, avait voulu attribuer la perfection au
corps, il aurait appelé bélier ce qui devait être sa-
crifié."[1]

L'argumentation repose sur le témoignage du Christ en faveur du Précurseur, selon lequel celui-ci est à la fois "prophète" et "plus que prophète" (Mt. 11, 9; Lc 7, 26). On comprend
d'ordinaire qu'Héracléon aurait déduit de cette formule l'idée
d'une double nature du Baptiste, psychique en tant qu'envoyé du
Démiurge dans le cadre de l'ancienne alliance et pneumatique en
tant que témoin du Sauveur dans celui de l'économie nouvelle[2].
Mais il est possible que l'hérésiarque n'ait voulu parler que
des deux états successifs de l'homme psychique avant et après sa
rencontre avec le Christ: la perception sensible et la simple

---

[1] HÉRACLÉON, Sur Jean (fragment 10 des éditions de Brooke et de Völker et 8 dans la numérotation de Förster), in ORIGÈNE, Comm. sur Jean 6, 306-307; éd. Cécile BLANC, Origène, Commentaire sur saint Jean, t. 2 (livres 6 et 10), Texte grec, avant-propos, traduction et notes, Paris 1970 (SC 157), p. 364-367. - Pour une vue d'ensemble sur les fragments (texte, traduction et doctrine), consulter Yvonne JANSSENS, "Héracléon, Commentaire sur l'Evangile selon saint Jean", Muséon 72 (1959), p. 101-151 et 277-299.

[2] Cf. par exemple W. FOERSTER, Von Valentin zu Herakleon, Untersuchungen über die Quellen und die Entwicklung der valentinianischen Gnosis, Giessen 1928 (BZNTW 7), p. 75-78 et F. SAGNARD, La gnose valentinienne et le témoignage de saint Irénée, Paris 1947 (EPM 36), p. 513-514.

foi[1]. Quant à l'affirmation de l'imperfection du corps de Jésus, elle est conforme à l'enseignement valentinien, particulièrement à celui de l'école italique à laquelle appartient Héracléon. Celui "qui enlève le péché du monde", qui "habite" dans le corps du Christ est bien entendu le Sauveur d'en haut descendu sous la forme d'une colombe.

THÉODOTE LE GNOSTIQUE (enseigne entre 150 et 180)

Tous les détails connus sur l'exégèse du baptême de Jésus proposée par cet auteur se trouvent dans trois passages des Extraits de Théodote de Clément. Le premier est expressément attribué au théologien gnostique:

> "Les anges ont été baptisés au commencement dans la rédemption du Nom qui est descendu sur Jésus dans la colombe et qui l'a racheté. Jésus aussi a eu besoin de rédemption, afin de ne pas être retenu par la Pensée de déficience[2] dans laquelle il avait été placé, progressant à travers la Sagesse, comme dit Théodote."[3]

Le contexte immédiat de ce morceau l'éclaire de façon satisfaisante[4]. Les créatures supérieures sont divisées en deux groupes consubstantiels et complémentaires, l'"élection" ("ἐκλο-

---

[1] Cf. J. MOUSON, "Jean-Baptiste dans les fragments d'Héracléon", ETL 30 (1954), p. 301-322, voir notamment p. 313.
[2] Le monde, par opposition à l'éon, conçu comme Pensée parfaite.
[3] THÉODOTE LE GNOSTIQUE, in CLÉMENT D'ALEXANDRIE, Extr. de Théod. 22, 6-7; éd. F. SAGNARD, Clément d'Alexandrie, Extraits de Théodote, Texte grec, introduction, traduction et notes, Paris 1948 (SC 23), p. 102-105. - Sur ce texte, voir A. ORBE, La unción del Verbo, Estudios valentinianos, vol. 3, Rome 1961 (AG 113), p. 366-379.
[4] Cf. Extr. de Théod. 21-22.

γή") mâle, constituée par l'ensemble des anges, et l'"église"
("κλῆσις") femelle, formée par les pneumatiques correspondants.
L'apocatastase consiste dans la "masculinisation" des gnostiques
et dans leur entrée au Plérôme avec leurs anges. La rédemption
des uns et des autres s'effectue par le baptême: celui-ci procure le "Nom", c'est-à-dire le Sauveur, l'immersion de chaque valentinien étant la réplique de celle qui a eu lieu à l'origine
pour son double angélique. Au Jourdain, le corps pneumatique de
Jésus (on est, il faut le rappeler, dans l'école orientale) a
ainsi reçu le Christ supérieur sous la forme de la colombe, probablement en parallèle avec l'onction primordiale du Sauveur[1].
Sur le plan temporel, l'événement apparaît comme le modèle des
baptêmes gnostiques ultérieurs.

Le deuxième passage présuppose la même doctrine sur les anges et appartient par conséquent à une source identique:

> "C'est certes dans l'unité que nos anges ont été
> émis, disent-ils, et ils sont un, en tant qu'issus de
> l'Un. Mais puisque nous étions les divisés, pour cette
> raison Jésus s'est fait baptiser, pour que l'Indivis
> soit divisé, jusqu'à ce que celui-ci nous unisse à eux
> dans le Plérôme, afin que nous, les multiples, devenus
> un, nous soyons tous mêlés à l'Un qui a été divisé à
> cause de nous."[2]

L'"Un" ("Εἷς" et "Ἕν") ou l'"Indivis" ("Ἀμέριστον") est
vraisemblablement le Nom divin, total et ineffable, qui se fragmente et s'énonce en descendant sur les pneumatiques, principalement et premièrement sur Jésus.

Le dernier passage est tiré d'un développement astrologique
et doit donc sans doute à ce titre être également restitué à
Théodote:

> "De même donc que la naissance du Sauveur nous a

---

[1] Cf. Extr. de Théod. 26, 1: "La partie visible de Jésus, c'est
la Sagesse...la partie invisible, c'est le Nom, lequel est le
Fils Monogène". - Sur la colombe, voir appendice D, p. 129-130.
[2] THÉODOTE LE GNOSTIQUE, in CLÉMENT D'ALEXANDRIE, Extr. de Théod. 36; éd. F. SAGNARD, ibid., p. 138-139. - Sur ce texte, voir
A. ORBE, ibid., p. 359-365.

mis en dehors du destin et de la fatalité, de même
aussi son baptême nous a arrachés du feu et sa Passion
de la passion, afin que nous le suivions en tout."[1]

Le destin ou la fatalité, le feu et la passion sont des caractères des sphères inférieures dont l'humanité est prisonnière[2]. Il faut noter qu'ici encore le rôle dévolu à Jésus est à la fois celui d'un rédempteur unique et celui d'un simple initiateur[3].

MARC LE MAGE (enseigne entre 150 et 180)

L'interprétation du baptême de Jésus donnée par Marc est décrite principalement par Irénée. Elle s'avère relativement fournie[4]. Un premier texte la rattache à celle de l'école orientale; il rapporte la descente du Sauveur au Jourdain sur le corps pneumatique de Jésus:

"Lorsqu'il (l'homme de l'économie) fut venu à
l'eau, descendit en lui, comme une colombe, celui qui

---

[1] THÉODOTE LE GNOSTIQUE, in CLÉMENT D'ALEXANDRIE, Extr. de Théod. 76, 1; éd. F. SAGNARD, ibid., p. 198-199. - Sur ce texte, voir A. ORBE, ibid., p. 380-387.

[2] Cf. respectivement Extr. de Théod. 69-75; 37-38.81; 33, 3-4; etc.

[3] Cf. Extr. de Théod. 85, 1. - Les autres textes des Extraits de Théodote relatifs au baptême de Jésus sont imputables soit à Clément (Extr. de Théod. 5, 2; voir A. ORBE, "El escándalo del Bautista (a propósito de ET 5, 2)", Greg 40 (1959), p. 315-326) soit à des valentiniens occidentaux (Extr. de Théod. 16.61, 6; voir supra, p. 70).

[4] Pour une vue d'ensemble, voir F. SAGNARD, Clément d'Alexandrie, Extraits de Théodote, Texte grec, introduction, traduction et notes, Paris 1948 (SC 23), p. 217-219 ("Appendice C: Doctrine de Marc le Mage sur le baptême de Jésus et le Nom").

est retourné en haut et qui a complété le nombre douze[1]; dans ce Sauveur était la semence de ceux qui ont été semés avec lui, qui sont descendus avec lui et qui sont remontés avec lui. Cette puissance qui est descendue, c'est, dit-il, la semence du Père, qui contient en elle le Père, le Fils, la puissance ineffable du Silence, connue par leur intermédiaire, et tous les éons. Et c'est là l'Esprit qui a parlé par la bouche de Jésus, qui s'est déclaré Fils de l'Homme et qui a manifesté le Père; descendant dans Jésus, il s'unit à lui... Jésus est donc le nom de l'homme de l'économie, dit-il, établi à la ressemblance et selon la forme de l'Homme qui doit descendre en lui..."[2]

La doctrine est donc toujours fondamentalement valentinienne, l'Esprit étant identifié au Sauveur, appelé ici "puissance", "semence", "Fils de l'Homme" et "Homme".

Mais ce qui fait l'originalité de Marc, ce sont ses calculs sur la valeur numérique des mots. Il ne s'agit pas d'un simple jeu d'esprit: les lettres (στοιχεῖα) sont les <u>éléments</u> significatifs des objets dont elles composent les noms. Ainsi pour la colombe:

"...le nombre total des éléments...a été manifesté, lorsqu'il (Jésus) fut venu au baptême, par la descente de la colombe: celle-ci est ω et α, sa valeur numérique étant 801."[3]

---

[1] L'annulation de la déficience de la Dodécade est une image du salut de l'univers; cf. F. SAGNARD, <u>La gnose valentinienne et le témoignage de saint Irénée</u>, Paris 1947 (EPM 36), p. 382-385.
[2] MARC LE MAGE, <u>in</u> IRÉNÉE DE LYON, <u>Adv. haer.</u> 1, 15, 3; éd. W. W. HARVEY, <u>Sancti Irenaei episcopi lugdunensis libri quinque adversus haereses...</u>, 2 vol., Cambridge 1857, vol. 1, p. 150-151. - Texte grec: HIPPOLYTE DE ROME, <u>Elenchos</u> 6, 51, 2-5; EPIPHANE DE SALAMINE, <u>Pan.</u> 34, 10, 4-7.
[3] MARC LE MAGE, <u>in</u> IRÉNÉE DE LYON, <u>Adv. haer.</u> 1, 14, 6; éd. W. W. HARVEY, <u>ibid.</u>, vol. 1, p. 140. - Texte grec: HIPPOLYTE DE ROME, <u>Elenchos</u> 6, 47, 1-2; EPIPHANE DE SALAMINE, <u>Pan.</u> 34, 7, 2.

"C'est pour cela, dit-il, qu'il (le Christ) est
l'α et l'ω, pour manifester la περιστερά, puisque cet
oiseau a cette valeur numérique."[1]

On a en effet: π´+ε´+ρ´+ι´+σ´+τ´+ε´+ρ´+α´ (80+5+100+10+200+300+5+100+1) = ωα´ (801). La colombe est donc équivalente soit à l'alphabet entier, c'est-à-dire à tout le Plérôme, soit au Sauveur, qui s'est dit "l'Alpha et l'Oméga"[2]. Ces spéculations ont été répétées à plaisir par les hérésiologues. Un seul mérite d'être cité, le Pseudo-Tertullien, car il associe Colorbasus à Marc:

"Après cela, un certain Marc et Colarbasus [sic]
ne manquèrent pas de perpétuer l'erreur en fabriquant
une nouvelle hérésie à partir de l'alphabet grec. Ils
nient en effet qu'on puisse trouver la vérité sans ces
lettres et disent qu'au contraire toute la plénitude
et la perfection de la vérité sont disposées en elles.
Et c'est pour cette raison que le Christ a dit: "Je
suis l'α et l'ω". Car le Christ est descendu en Jésus,
c'est-à-dire la colombe est venue en Jésus, elle dont
le nom grec, περιστερά, a comme valeur numérique
801."[3]

Une autre particularité intéressante de Marc est son commentaire des deux logia de Lc 12, 50 et de Mc 10, 38. L'autre "baptême" qu'ils mentionnent serait le sacrement de la "rédemption" ("ἀπολύτρωσις") pratiqué par divers gnostiques et notamment par les marcosiens:

"Le baptême du Jésus apparent est pour la rémission des péchés, la rédemption du Christ qui est descendu en lui est pour la perfection; le premier est

---

[1] MARC LE MAGE, in IRÉNÉE DE LYON, Adv. haer. 1, 15, 1; éd. W. W. HARVEY, ibid., vol. 1, p. 146. - Texte grec: HIPPOLYTE DE ROME, Elenchos 6, 49, 5; EPIPHANE DE SALAMINE, Pan. 34, 8, 8.
[2] Ap. 1, 8; 21, 6; 22, 13. - Sur la colombe, voir appendice D, p. 129-130.
[3] MARC LE MAGE et COLORBASUS, in PSEUDO-TERTULLIEN, Adv. omnes haer. 5, 1-2; éd. CCL, t. 2, 1954, p. 1407-1408.

psychique, la seconde est spirituelle, assurent-ils.
Le baptême a été annoncé par Jean pour la repentance,
la rédemption du Christ qui est en Jésus a été instituée pour la perfection. C'est de cela qu'il dit:
"C'est d'un autre baptême que je dois être baptisé, et
je me hâte fort vers lui"; et aussi aux fils de Zébédée, dont la mère demandait qu'il les fasse asseoir
avec lui à sa droite et à sa gauche dans le Royaume,
le Seigneur a présenté cette rédemption, disent-ils,
en disant: "Pouvez-vous être baptisés du baptême dont
je dois être baptisé?"."[1]

Il est cependant difficile de croire que le Christ est "racheté" au Jourdain, comme chez Théodote[2]: les variantes textuelles des paroles évangéliques ("un _autre_ baptême" pour _Lc_ 12, 50, "je _dois_ être baptisé" pour _Mc_ 10, 38) indiquent que cette "rédemption" est ultérieure. On sait d'ailleurs que le rite correspondant s'accomplissait sans "conduire à l'eau"[3]; c'est donc sans doute un autre épisode de la vie du Sauveur qu'il prenait pour modèle. Par contre, on peut admettre que le Jésus sensible est baptisé pour ses péchés, comme par exemple chez les ophites[4]. Les disciples de Marc faisaient en tout cas usage du simple baptême d'eau pour la purification, à l'image de la scène du Jourdain, en invoquant notamment "celui qui descend en Jésus", c'est-à-dire le Sauveur[5].

---

[1] MARC LE MAGE, _in_ IRÉNÉE DE LYON, _Adv. haer._ 1, 21, 2; éd. W. W. HARVEY, _ibid._, vol. 1, p. 182-183. - Texte grec: EPIPHANE DE SALAMINE, _Pan._ 34, 19, 4-5.
[2] Cf. CLÉMENT D'ALEXANDRIE, _Extr. de Théod._ 22, 6-7; voir _supra_, p. 76-77.
[3] Cf. IRÉNÉE DE LYON, _Adv. haer._ 1, 21, 4.
[4] Cf. IRÉNÉE DE LYON, _Adv. haer._ 1, 30, 12; voir _supra_, p. 61-63.
[5] Cf. IRÉNÉE DE LYON, _Adv. haer._ 1, 21, 3.

COLORBASUS (enseigne entre 150 et 180?)

Ce personnage aurait été comme Marc amateur d'arithmologie et auteur de réflexions sur la valeur numérique du mot colombe[1]; mais c'est tout ce qui subsiste de sa doctrine du baptême de Jésus.

On retrouve bien entendu chez les valentiniens la distinction gnostique entre le Christ et Jésus ou plus exactement entre le Sauveur divin et le Christ de l'"économie". Le désaccord sur la composition du corps de ce dernier ne semble pas avoir eu de répercussions majeures sur l'exégèse du baptême: c'est de toute façon le Sauveur qui vient sous la forme de la colombe s'incarner temporairement afin de rassembler les spirituels. Les interprétations particulières les plus notables sont celles de Théodote et de Marc utilisant respectivement les anges et les nombres; en outre, et ceci est spécifiquement gnostique, sinon valentinien, ces deux auteurs ont en commun de faire de l'événement du Jourdain le prototype du rite baptismal.

---

[1] Voir supra, p. 79-80.

CHAPITRE SIX

LES ADOPTIANISTES

Ce chapitre est constitué par deux notices seulement: les aloges et Théodote de Byzance. Les témoignages isolés de ces sectaires ne permettent assurément pas de reconstituer l'ensemble de l'exégèse adoptianiste du baptême de Jésus; ils sont néanmoins intéressants, car ils proviennent d'un mouvement doctrinal important.

Théodote de Byzance, dit le Corroyeur, est l'un des représentants de l'adoptianisme romain[1]. Il est contemporain du pape Victor (189-198); ses idées ont été reprises et diffusées plus tard par de nombreux disciples, dont Théodote le Banquier, Natalios et Artémon[2].

Les aloges sont surtout connus par la longue réfutation qu'Epiphane a composée contre eux (Pan. 51). Ecrivant deux siècles environ après leur apparition, l'hérésiologue ne retient qu'une de leurs caractéristiques, le rejet de Jean et de l'Apocalypse; il choisit même pour les désigner le nom resté traditionnel d'"ἄλογοι", c'est-à-dire de "sans-Logos" (johannique)

---

[1] Voir J. N. D. KELLY, Initiation à la doctrine des Pères de l'Eglise [traduit de l'anglais], Paris 1968, p. 125-127.
[2] Cf. Contre l'hér. d'Art., in EUSÈBE DE CÉSARÉE, Hist. eccl. 5, 28, 6.8-9. - L'hypothèse, à vrai dire extrêmement douteuse, selon laquelle Hermas, l'un des précurseurs romains de cette christologie dynamiste, ferait lui aussi allusion à la scène du Jourdain (Le Past. 59, 5-7) a été proposée dans l'étude de J. BORNEMANN, Die Taufe Christi durch Johannes in der dogmatischen Beurteilung der christlichen Theologen der vier ersten Jahrhunderte, Leipzig 1896, p. 33-34; pour un aperçu des questions impliquées par ce passage, voir J. N. D. KELLY, ibid., p. 103-105.

(Pan. 51, 3, 1-2)[1]. Mais cette retouche du canon semble n'être que la conséquence de l'antimontanisme radical qui est l'essence du mouvement[2]. L'existence d'aloges avant la fin du deuxième siècle est attestée par Irénée[3]; leur influence à Rome est confirmée par le rôle et le prestige ultérieurs de leur partisan Gaïus[4]. La confluence de ce courant antimontaniste et du courant adoptianiste proprement dit est très probable, tout au moins à Rome. Si les aloges ont été logiques avec leurs principes scripturaires, ils ont dû en effet récuser la conception johannique de la divinité du Christ et professer quelque "psilanthropisme"[5]. A l'appui de cette thèse, on fera valoir leurs tendances relativement rationalistes qui rappellent le goût des adoptianistes pour la critique textuelle et les sciences profanes[6]; contre elle, on relèvera uniquement leur réputation d'orthodoxie (sauf bien entendu en ce qui concerne le canon)[7], mais il y a sans doute là une simplification des Pères.

---

[1] Il y a bien sûr jeu de mots avec "ἄλογος", "bête".
[2] Voir P. DE LABRIOLLE, La crise montaniste, Paris 1913 (BFT 31), p. 190-202; cf. EPIPHANE DE SALAMINE, Pan. 51, 35, 1-3.
[3] Adv. haer. 3, 11, 9; sur ce texte, et sur la correction qu'il faut lui apporter, voir P. DE LABRIOLLE, ibid., p. 230-242. Que le montanisme ait pris naissance en 157 (d'après Epiphane) ou en 172-173 (d'après Eusèbe), il peut avoir déjà provoqué des réactions lors du pontificat d'Eleuthère (174-189) sous lequel écrit Irénée (Adv. haer. 3, 3, 3).
[4] Cf. EUSÈBE DE CÉSARÉE, Hist. eccl. 2, 25, 6; 6, 20, 3.
[5] Voir par exemple M. LODS, Précis d'histoire de la théologie chrétienne du 2e au début du 4e siècle, Neuchâtel 1966 (BThéologique), p. 38-39; cf. EPIPHANE DE SALAMINE, Pan. 54, 1, 1.
[6] Cf. respectivement EPIPHANE DE SALAMINE, Pan. 51, passim et Contre l'hér. d'Art., in EUSÈBE DE CÉSARÉE, Hist. eccl. 5, 28, 13-19.
[7] Cf. EPIPHANE DE SALAMINE, Pan. 51, 4, 3; on a vu de même que Gaïus est disculpé par Eusèbe.

LES ALOGES

C'est donc Epiphane qui a conservé le souvenir d'une utilisation du baptême de Jésus par les aloges. Il ne rapporte malheureusement pas leur interprétation proprement dite, mais atteste seulement leur connaissance de l'événement:

"Pourquoi donc ceux qui ont égaré leur propre pensée et vomi cette hérésie dans le monde ont-ils jugé bon de rejeter du canon l'Evangile selon Jean? C'est à juste titre que nous avons appelé leur hérésie "aloge", puisqu'ils n'acceptent pas le Dieu venu d'en haut, le Logos prêché par Jean. Sans comprendre la puissance des évangiles ils disent en effet: "Les autres évangélistes ont bien dit que Jésus a fui en Egypte devant Hérode, qu'après son exil il est venu résider à Nazareth, qu'ensuite il a reçu le baptême et s'est retiré au désert, qu'après cela il est rentré et qu'après son retour il a commencé à prêcher[1]. Mais, disent-ils, l'évangile mis sous le nom de Jean est mensonger; car après avoir dit que le Logos s'est fait chair et a demeuré parmi nous et après avoir donné quelques détails, aussitôt il dit qu'il y eut une noce à Cana de Galilée[2]"..."[3]

On ne peut pas affirmer avec certitude qu'Epiphane cite littéralement une source déterminée[4]. Il ne se réclame d'aucun document, et peut-être ne donne-t-il en fait que la substance de

---

[1] Cf. Mt. 2, 13 à 4, 17.
[2] Cf. Jn 1, 14 à 2, 11.
[3] Aloges, in EPIPHANE DE SALAMINE, Pan. 51, 17, 10 à 51, 18, 1; éd. K. HOLL, Epiphanius, Ancoratus und Panarion, 2. Band (Panarion 34-64), Leipzig 1922 (GCS 31), p. 274-275.
[4] On a avancé qu'il puisait dans la Défense de l'Evangile selon Jean et de l'Apocalypse d'Hippolyte (sans doute identique au Contre Gaïus du même auteur): cf. J. QUASTEN, Initiation aux Pères de l'Eglise [traduit de l'anglais], 3 vol., Paris 1955-1963, vol. 2, 1958, p. 235.

l'argumentation commune des aloges. Ce qui est sûr, c'est que pour justifier leur canon les sectaires relevaient les contradictions de Jean par rapport aux autres évangiles. Le passage précédent montre qu'ils les trouvaient en particulier dans les récits relatifs aux débuts de Jésus. Mais plus que les différences de contenu, - qui existent entre les synoptiques eux-mêmes -, ils soulignaient sans doute l'incompatibilité des chronologies: il est impossible de faire entrer dans le cadre de la semaine inaugurale johannique (Jn 1, 19 à 2, 11) tous les faits qui y correspondent dans les trois premiers évangiles[1]. On doit enfin remarquer que, tout en recevant les traditions de l'enfance, les aloges faisaient probablement toujours de l'événement du Jourdain le commencement de l'activité rédemptrice du Christ.

THÉODOTE DE BYZANCE (enseigne entre 189 et 198)

L'interprétation du baptême de Jésus proposée par Théodote est connue par les deux notices parallèles (la seconde est un résumé de la première) qu'Hippolyte a écrites sur l'hérésiarque. Les voici in extenso:

> "Un certain Théodote, de Byzance, introduisit une nouvelle hérésie. Ses affirmations sur le principe de l'univers sont en partie en accord avec celles de la véritable Eglise: il confesse que tout a été fait par

---

[1] Cette difficulté a préoccupé les Pères; ils l'ont résolue de deux façons, soit en affirmant la primauté du sens spirituel (cf. ORIGÈNE, Comm. sur Jean 10, 10-14), soit en imaginant deux rencontres successives de Jean-Baptiste et de Jésus avant et après la tentation (Jn 1, 29-31; Jn 1, 32-34) (cf. EPIPHANE DE SALAMINE, Pan. 51, 13, 7-10). - Les sectaires tiraient de même parti du désaccord concernant la durée du ministère du Christ: trois ans d'après Jean, une seule année selon les autres évangiles; cf. EPIPHANE DE SALAMINE, Pan. 51, 22, 1.

Dieu; mais quant au Christ, il tire de l'école des gnostiques, de Cérinthe et d'Ebion[1] des affirmations sur son apparition semblables aux leurs. Jésus est un homme né d'une vierge selon la volonté du Père et il a vécu de la façon commune à tous les hommes; les ayant surpassés par sa piété, il reçut plus tard en dépôt à son baptême au Jourdain le Christ d'en haut descendu sous la forme d'une colombe. Aussi les puissances n'agirent-elles pas en lui avant que l'Esprit, que Théodote appelle le Christ, ne descendît manifestement en lui. Ces hérétiques ne veulent même pas qu'il soit devenu Dieu à la descente de l'Esprit, mais pour d'autres il l'a été après sa résurrection des morts."[2]

"Théodote de Byzance introduisit l'hérésie que voici: il affirme que toutes choses ont été réellement faites par Dieu; mais quant au Christ, c'est comme les gnostiques précédents[3], il avance des affirmations sur son apparition semblables aux leurs. Le Christ[4] est un homme comme tous les autres, mais différent en ce que, selon la volonté de Dieu, il est né d'une vierge sur qui, sans s'incarner[5], le Saint-Esprit a étendu son ombre; plus tard au baptême le Christ est descendu sur Jésus sous la forme d'une colombe. Aussi ces hérétiques disent-ils qu'auparavant les puissances n'ont pas agi en Jésus. Théodote ne veut pas que le Christ soit

---

[1] Ebion est un personnage imaginaire, le fondateur supposé de l'ébionisme.
[2] THÉODOTE DE BYZANCE, in HIPPOLYTE DE ROME, Elenchos 7, 35; éd. P. WENDLAND, Hippolytus Werke, 3. Band, Refutatio omnium haeresium, Leipzig 1916 (GCS 26), p. 222.
[3] Sans doute Cérinthe et les ébionites.
[4] Lapsus d'Hippolyte ou faute de scribe pour "Jésus".
[5] Texte amendé: il faut rapporter la restriction "sans s'incarner" non au Christ, ce qui n'a guère de sens, mais à l'Esprit en corrigeant "σαρκωθέντα" en "σαρκωθέντος" (cf. EPIPHANE DE SALAMINE, Pan. 54, 3, 5).

Dieu. Voilà pour Théodote."[1]

Il est difficile d'accepter sans réserve l'ensemble de ces informations. Elles doivent être cependant critiquées avec une certaine prudence, étant donné que l'auteur de l'<u>Elenchos</u> a vécu à Rome au début du troisième siècle et qu'il a pu aisément se renseigner[2]. Les filiations doctrinales indiquées par les Pères sont souvent assez approximatives; on n'attachera donc pas trop d'importance à l'identité des prétendus maîtres de Théodote. Il vaut mieux croire que, contrairement à Cérinthe et à la plupart des ébionites, l'hérésiarque a enseigné d'une certaine façon la conception virginale par l'opération de l'Esprit: sinon, pourquoi Hippolyte affirmerait-il son orthodoxie partielle sur ce point? Par contre on admet mal que Théodote ait parlé d'une descente <u>du Christ</u> sur Jésus au Jourdain: ce trait ferait de lui un gnosticisant, ce qu'il n'a certainement pas été[3]. Une confusion avec Théodote le Gnostique est invraisemblable. L'erreur est sans doute le résultat d'une généralisation, les hérésiologues ayant tendance à étendre à toutes les sectes les caractères du gnosticisme, tenu pour le type de l'hérésie. Mais cette inexactitude elle-même peut conserver la trace d'un fait réel: Théodote n'aurait pas considéré la colombe, ou l'Esprit, comme le Christ, mais aurait identifié le Christ, en tant que Logos, à l'Esprit; Hermas est témoin de l'existence dans les milieux adoptianistes romains du deuxième siècle de cette théologie binitaire du Père et du Saint-Esprit (<u>Le Past</u>. 59, 5-7; 78, 1). Quoi qu'il en soit, Théodote se distingue par un strict "psilanthropisme": Jésus ne doit qu'à ses mérites la faveur dont il est l'objet au Jourdain; sa nature est totalement humaine après comme avant cette consécration. Il faut pourtant noter que le baptême du Christ n'en constitue pas moins une fois encore l'événe-

---

[1] THÉODOTE DE BYZANCE, <u>in</u> HIPPOLYTE DE ROME, <u>Elenchos</u> 10, 23; éd. P. WENDLAND, <u>ibid</u>., p. 282.
[2] Cela reste vrai même si, selon l'hypothèse de Nautin, cet écrivain n'est pas Hippolyte mais Josipe.
[3] Il n'aurait pas attribué la création à Dieu. Voir aussi <u>Contre l'hér. d'Art</u>., <u>in</u> EUSÈBE DE CÉSARÉE, <u>Hist. eccl</u>. 5, 28, 6.

ment initial à partir duquel l'action divine devient effective; c'est le début de "l'activité des puissances", c'est-à-dire de l'exécution des miracles[1].

L'importance certaine de la christologie adoptianiste, notamment à Rome, fait regretter de ne connaître l'interprétation des aloges et de Théodote que par les médiocres indications d'Epiphane et d'Hippolyte. Mais l'exégèse de ces seuls sectaires, il faut le répéter, ne pourrait de toute manière donner qu'un aperçu partiel de celle de leur mouvement doctrinal. Pour ne pas trop solliciter les textes, on retiendra donc surtout que les milieux adoptianistes romains de la fin du deuxième siècle tenaient sans doute le baptême de Jésus pour un événement primordial de sa vie, mais non pour un fait constitutif de sa personne.

---

[1] Pour la tournure, voir Mt. 14, 2; Mc 6, 14.

CHAPITRE SEPT

LES HÉRÉSIOLOGUES

Les trois auteurs réunis sous ce titre, Justin le Martyr, Méliton de Sardes et Irénée de Lyon, ont été regardés dès leur époque comme des théologiens normatifs. Au troisième siècle, l'adversaire anonyme de l'hérésie adoptianiste d'Artémon invoque ainsi leur autorité: "Il existe des ouvrages de certains frères...qu'ils ont écrits pour la vérité contre les païens et contre les hérésies d'alors, je veux parler de ceux de Justin, de Miltiade, de Tatien, de Clément et de beaucoup d'autres; dans tous le Christ est reconnu comme Dieu. Quant aux livres d'Irénée, de Méliton et des autres, qui les ignore? ils proclament le Christ Dieu et homme"[1]. Mais ce n'est pas le critère d'orthodoxie, essentiellement subjectif (que penser du voisinage dans cette citation de Tatien et d'Irénée!), qui a présidé à la composition de ce chapitre. Justin, Méliton et Irénée ont été rapprochés en raison du caractère de leur oeuvre: tous les trois ont consacré une grande partie de leur activité littéraire à la controverse avec ceux qu'ils jugeaient hérétiques[2]. Leur exégèse du baptême de Jésus elle-même est polémique: à travers elle, le premier réfute les ébionites, le second Marcion, le dernier les valentiniens; leur interprétation s'en ressent. C'est dans ce sens qu'on peut les grouper comme hérésiologues.

---

[1] <u>Contre l'hér. d'Art.</u>, in EUSÈBE DE CÉSARÉE, <u>Hist. eccl.</u> 5, 28, 4-5.
[2] Il faut bien entendu tenir compte des titres des écrits perdus: voir, pour Justin, EUSÈBE DE CÉSARÉE, <u>Hist. eccl.</u> 4, 18; pour Méliton, <u>ibid</u>. 4, 26, 2; pour Irénée, <u>ibid</u>. 5, 20, 1; 5, 26.

JUSTIN LE MARTYR († vers 165)

Voici l'unique commentaire de l'apologiste:

"...il (Jésus) se réserva trente ans environ, jusqu'à ce que Jean l'eût précédé en annonçant sa parousie et en ouvrant la voie du baptême, comme je l'ai aussi montré. Jésus vint au fleuve du Jourdain où Jean baptisait; tandis qu'il descendait dans l'eau, même du feu s'alluma dans le Jourdain; et pendant qu'il remontait de l'eau, le Saint-Esprit comme une colombe voltigea sur lui: ce sont les apôtres de ce Christ lui-même, notre Christ, qui l'ont écrit. Et s'il est descendu dans le fleuve, nous le savons, ce n'est pas qu'il eût besoin d'être baptisé ou que l'Esprit vînt sur lui sous la forme d'une colombe; de même il n'avait pas besoin non plus d'être engendré et d'être crucifié, mais il a souffert de l'être pour la race des hommes... Son entrée sur un âne à Jérusalem qui avait été, nous l'avons montré, prophétisée, n'a pas réalisé en lui la puissance qui l'a fait Christ, mais elle fournissait aux hommes un signe pour leur faire reconnaître qu'il était le Christ; de la même manière il fallait qu'un signe de reconnaissance fût aussi donné en Jean aux hommes pour qu'ils reconnaissent qui était le Christ... Quand Jésus vint au Jourdain, on le croyait fils de Joseph le charpentier; il était "sans beauté", comme les Ecritures le proclamaient; on le croyait charpentier... L'Esprit saint, donc, et cela à cause des hommes, comme je l'ai dit, voltigea sur lui sous la forme d'une colombe, et en même temps une voix était venue des cieux; cette voix avait déjà parlé par David révélant, comme au nom de Dieu, ce qui devait lui être dit de la part du Père: "Tu es mon Fils, je t'ai engendré aujourd'hui". Le Père déclarait qu'il était engendré pour les hommes au moment où on devait commencer à le connaître."[1]

Cet extrait du Dialogue avec Tryphon doit être replacé dans son contexte. Le juif a allégué la prophétie d'Es. 11, 1-3, selon laquelle l'Esprit de Dieu, ou l'ensemble des "puissances" qui le constituent, reposera ("ἀναπαύσεται") sur le Messie; le Christ en serait donc originellement dépourvu ("ἐνδεής") et ne pourrait par conséquent être Dieu préexistant (Dial. 87, 1-2)[2]. Justin va s'efforcer de réfuter doublement l'objection: d'abord en avançant une autre interprétation de l'oracle controversé qui n'exclue pas la préexistence et qui soit confirmée par l'histoire d'Israël et de l'Eglise (Dial. 87, 3 à 88, 1); ensuite en démontrant, à titre de contre-épreuve, qu'il n'y a rien dans la vie de Jésus qui soit en contradiction avec cette même prophétie (Dial. 88, 1-8). En effet le raisonnement se terminerait fort bien par le rappel du texte d'Es. 11, 1-3 et de l'exégèse qui en est proposée ("ὥστε...ἔσεσθαι": Dial. 88, 1); mais il est aussitôt relancé par la production de nouvelles preuves ("μαρτύριον δὲ καὶ τοῦτο...": ibid.), dont celle que constitue le baptême de Jésus (Dial. 88, 2-4.6.8). Le fil de l'ensemble de l'argumentation est révélé par l'indice suivant: quatre fois Justin reprend le mot même de Tryphon, en niant que le Christ ou Jésus ait eu besoin d'une quelconque onction de l'Esprit ("οὐ...ἐνδεής": Dial. 87, 3; 88, 1.4)[3].

La première démarche est précédée d'une considération philologique: dire, d'après Es. 11, 1-3, que l'Esprit s'est reposé, c'est dire qu'il a cessé ("ἀνεπαύσατο...τουτέστιν ἐπαύσατο": Dial. 87, 5), le Messie étant le terme de son effusion (Dial.

---

[1] Dial. 88, 2-4.6.8; éd. G. ARCHAMBAULT, Justin, Dialogue avec Tryphon, Texte grec, traduction française, introduction, notes et index, 2 vol., Paris 1909 (TD 8 et 11), vol. 2, p. 72-80.
[2] L'occasion de cette intervention est très probablement la citation d'Es. 11, 1 en Dial. 86, 4: cf. P. PRIGENT, Justin et l'Ancien Testament..., Paris 1964 (EB), p. 326, n. 2.
[3] Pour une autre analyse de Dial. 87-88, voir A. ORBE, La unción del Verbo, Estudios valentinianos, vol. 3, Rome 1961 (AG 113), p. 39-45.

87, 3). L'objection sur la préexistence est ainsi écartée. Cela posé, il s'agit donc d'aller de l'Ecriture à l'histoire, de prouver que les prophéties sur le Christ se sont bien réalisées dans les faits. Il est remarquable, affirme Justin, que l'Esprit, qui avait été successivement répandu, de façon partielle et diversifiée, sur chacun des anciens prophètes (Dial. 87, 4), ait totalement déserté Israël avec la réalisation de la nouvelle économie du salut (Dial. 87, 3); ses différentes puissances ont convergé en Jésus-Christ (Dial. 87, 5) qui les a en quelque sorte redistribuées à ses disciples dans les divers charismes (Dial. 88, 1)[1], conformément aux prophéties de Ps. 68 (67), 19 et de Jl 3, 1-2 (2, 28-29) (Dial. 87, 6). Le fait même qu'il n'y ait plus de prophètes juifs et qu'il y ait des prophètes chrétiens constitue dans cette perspective une preuve tangible du bien-fondé de l'exégèse défendue[2].

Ce point peut être éclairé par l'examen d'un autre passage auquel Justin lui-même renvoie ("προαπέδειξα": Dial. 88, 2):

"...le Christ, tandis qu'il (Jean-Baptiste) se tenait encore près du fleuve du Jourdain, est venu mettre un terme à son rôle de prophète et de baptiste..."[3]

Le baptême de Jésus est évoqué ici à propos d'un développement sur le Précurseur (Dial. 49-52) tournant autour de Gn. 49, 10 ("Il ne manquera pas de prince à Juda, etc."): l'oracle viserait la chaîne des prophètes juifs, ininterrompue jusqu'au Baptiste, son ultime maillon (Dial. 49, 3; 51, 1.3; 52, 1.3-4)[4]. Il s'agit donc encore de la théorie des effusions successives de l'Esprit; cette fois-ci la place qu'y tient la scène du Jourdain est précisée: le baptême de Jésus par Jean est le dernier acte du dernier prophète d'Israël, l'événement qui clôt définitivement

---

[1] L'identité des dons spirituels chrétiens et des puissances énumérées en Es. 11, 1-3 est confirmée par Dial. 39, 2.
[2] Cf. A. ORBE, ibid., p. 53-60 ("El Espíritu cesa en Jesús").
[3] Dial. 51, 2; éd. G. ARCHAMBAULT, ibid., vol. 1, p. 228-229. - Il est exclu qu'il soit fait allusion à une simple concomitance des faits sans rencontre réelle des personnes.
[4] Cf. Mt. 11, 13.

l'ancienne alliance en conférant la totalité de l'Esprit divin au Christ. En outre, on peut affirmer maintenant que cette analyse de Gn. 49, 10 est à l'arrière-plan de Dial. 87, 3 à 88, 1.

 Comme il a été dit, Justin procède ensuite à la démarche inverse: il revient de l'histoire à l'Ecriture, il confronte les faits de la vie de Jésus avec la thèse qu'il a dégagée des prophéties. C'est à ce stade de la démonstration qu'il introduit le commentaire sur le baptême du Christ[1]. Cet événement ne répondait à aucune nécessité, assure-t-il en faisant allusion à l'objection de Tryphon. Et il donne de cela deux raisons. D'une part, la puissance du Saint-Esprit n'avait pas à venir sur celui qui en disposait dès sa naissance (Dial. 88, 2)[2]. D'autre part, et surtout, dans l'absolu le Christ-Dieu n'a aucun besoin: ni son incarnation, ni sa crucifixion, et pas davantage son baptême n'étaient nécessaires (Dial. 88, 4)[3]. Et comme par ailleurs Justin ne met pas en doute un seul instant la réalité de la descente de l'Esprit, il est contraint d'en chercher une autre justi-

---

[1] La raison de ce développement n'est pas explicitée; elle n'en est pas moins certaine: c'est l'utilisation d'Es. 11, 1-3 dont on sait le rapport étroit avec l'onction du Jourdain (cf. supra, p. 49-50) et, accessoirement, de Gn. 49, 10 dont on vient de voir la connexion avec cette même scène. On a pensé par ailleurs que la courte exégèse du miracle de la hache d'Elisée (2 R. 6, 1-7) faite peu avant par Justin (Dial. 86, 6) conservait des traces de l'idée d'une purification du Jourdain par Jésus (voir P. LUNDBERG, La typologie baptismale dans l'ancienne Eglise, Leipzig et Upsal 1942 (ASNTU 10), p. 185). Si l'apologiste a connu ce sens, il l'a abandonné: la préposition διά dans "δι' ὕδατος" est instrumentale ("au moyen de l'eau") et non locative ("en traversant l'eau") et il s'agit seulement du baptême en général et du lien entre l'eau et la croix (comparer Ep. de Barn. 11).

[2] Justin vient en effet d'expliquer que l'histoire des mages (Mt. 2, 1-12) a accompli la prophétie selon laquelle le Christ aurait tout pouvoir sur les démons "avant même de savoir dire papa et maman" (Es. 8, 4): Dial. 77, 2-3; 78, 9; 88, 1.

[3] Cf. A. ORBE, ibid., p. 46-52 ("El tema de la no-indigencia").

fication: elle ne s'est pas produite pour Jésus, mais "pour les hommes" (l'expression est répétée quatre fois: <u>Dial</u>. 88, 6.8). Il fallait en effet leur donner par des signes la possibilité de reconnaître le Christ (<u>ibid</u>.)[1] dont l'aspect se confondait en tous points avec le leur (<u>Dial</u>. 88, 2.8)[2]. Le premier de ces signes est le baptême, ou plus spécialement la colombe du Saint-Esprit et la voix du Père qui manifestent l'une et l'autre la messianité de Jésus. Ainsi comprise, la scène du Jourdain n'infirme en aucune façon la prédiction d'Esaïe.

Il est intéressant de noter ce qui a suggéré à Justin le choix de l'entrée de Jésus à Jérusalem comme exemple d'acte essentiellement significatif (<u>Dial</u>. 88, 6). Ici encore l'auteur lui-même indique la voie en se référant ("ἀπεδείξαμεν": <u>ibid</u>.) à ce qu'il a dit plus haut (<u>Dial</u>. 53, 1-2). Il avait été en effet amené, aussitôt après l'utilisation de <u>Gn</u>. 49, 10 qu'on a vue (<u>Dial</u>. 49-52), à citer et à commenter le texte entier de la bénédiction de Juda par Jacob, soit <u>Gn</u>. 49, 8-12 (<u>Dial</u>. 52-54): c'est ainsi qu'il avait dégagé de <u>Gn</u>. 49, 11 ("Il attache son ânon à la vigne, etc.") l'annonce de l'entrée à Jérusalem (<u>Dial</u>. 53, 1-2). Il est évident dans ces conditions que c'est l'emploi

---

[1] La connaissance ("γνῶσις") de Jésus est en effet reconnaissance de sa qualité de Fils ou de Christ, c'est-à-dire de sa divinité; elle débute précisément à son baptême, premier signe de reconnaissance ("γνώρισμα") dans la série de ceux qui seraient donnés aux hommes pour qu'ils reconnaissent ("ἐπιγνῶσι") cette divinité.

[2] C'est bien l'humanité de Jésus que soulignent des notations comme la variation de son comportement au cours de sa croissance, la diversité de sa nourriture (sans doute d'après <u>Es</u>. 7, 15: cf. IRÉNÉE DE LYON, <u>Adv. haer</u>. 3, 21, 4; ID., <u>Dém</u>. 53), son apparente parenté avec Joseph (<u>Mt</u>. 13, 55), son manque de beauté (<u>Es</u>. 53, 2-3) ou encore sa profession de charpentier (<u>Mc</u> 6, 3, mais aussi <u>Es</u>. 2, 4: voir J. DANIÉLOU, <u>Les symboles chrétiens primitifs</u>, Paris 1961, p. 100-101); toutes ces indications sont relatives aux trente premières années du Christ, et il est notable que rien de tel ne soit rapporté à la période de sa vie suivant son baptême.

de Gn. 49, 10 en Dial. 87, 3 à 88, 1 qui motive celui de Gn. 49, 11 en Dial. 88, 6[1].

Le récit même du baptême appelle quelques remarques. Il est scindé en deux parties (Dial. 88, 3; 88, 8): Justin le suspend en effet au moment de la descente de l'Esprit, pour résoudre sans différer la difficulté que le fait suscite; il le reprend ensuite à l'endroit précis où il l'avait interrompu ("τὸ πνεῦμα οὖν...": Dial. 88, 8). La matière en est celle des évangiles, à une exception près: la mention du feu qui s'allume dans le Jourdain quand Jésus y descend (Dial. 88, 3). Avec le sentiment de rapporter une tradition apostolique, ainsi qu'il le dit expressément, Justin relate l'incident sans doute d'autant plus fidèlement qu'il serait en peine d'en donner une interprétation; la tournure "même du feu" ("καὶ πῦρ") indique une nuance de surprise ou d'admiration[2]. Il faut enfin signaler que l'apologiste est l'un des témoins de la variante de Lc 3, 22 selon laquelle la parole prononcée par la voix divine est une citation de Ps. 2, 7 (Dial. 88, 8); la même leçon, voisine d'une nouvelle protestation d'apostolicité, revient d'ailleurs une seconde fois plus loin:

"...au moment où il (Jésus) remontait du fleuve du Jourdain, alors que cette parole lui était dite: "Tu es mon Fils, je t'ai engendré aujourd'hui"..."[3]

Mais Justin n'est pas autrement embarrassé par la version qu'il a reçue, dès lors qu'il voit dans l'annonce de cette génération la simple divulgation de son mystère[4].

---

[1] La seconde partie du verset ("Il lave sa robe dans le vin") pourrait avoir été appliquée assez tôt au baptême du Christ: on trouve cette correspondance typologique dans le commentaire d'Hippolyte sur Gn. 49, 8-12 (Sur les bénéd., éd. PO, t. 27, 1954, p. 80 et 82) et, en un sens, dans celui d'Origène sur Jn 1, 29 (Comm. sur Jean 6, 290.292).
[2] Cf. appendice B, p. 128.
[3] Dial. 103, 6; éd. G. ARCHAMBAULT, ibid., vol. 2, p. 140-141.
[4] Cf. appendice E, p. 131-132.

On peut maintenant récapituler ainsi les résultats les plus importants:
1° Justin n'étudie le baptême de Jésus que par raccroc, dans une digression, ce qui montre à l'évidence qu'il n'en fait pas une pièce maîtresse de sa christologie;
2° il s'y arrête cependant, comme son propos l'y invitait, sans doute pour ne pas passer sous silence une question controversée et pour rendre compte avec une certaine exhaustivité de la tradition chrétienne[1];
3° son commentaire de <u>Dial</u>. 88, 2-4.6.8 ne se comprend en tout état de cause qu'en fonction de l'interprétation d'<u>Es</u>. 11, 1-3 développée en <u>Dial</u>. 87-88;
4° dans ces mêmes chapitres court en filigrane l'explication de <u>Gn</u>. 49, 10-11 exposée en <u>Dial</u>. 49-54 et déjà appliquée à la scène du Jourdain dans l'allusion qui y est faite en <u>Dial</u>. 51, 2;
5° ces deux prophéties[2] situent l'événement dans l'histoire du salut, définie comme l'économie du don de l'Esprit, en lui donnant une place centrale dans l'espèce de chassé-croisé d'Israël et de l'Eglise;
6° ce système théologique coïncide point par point avec l'historique considéré comme incontestable des manifestations pneumatologiques juives et chrétiennes, y compris celles relatives à Jean et à Jésus;
7° celui-ci n'avait absolument aucun besoin d'être baptisé;
8° son baptême a toutefois eu lieu, avec comme effet de faire réellement descendre sur lui le Saint-Esprit;
9° il a été accompagné de prodiges qui révèlent clairement sa seule fin: désigner le Messie jusque-là caché aux hommes;
10° il partage la vie de Jésus en deux parties bien distinctes en inaugurant la période des signes destinés à accréditer sa di-

---

[1] C'est aussi par acquit de conscience qu'il en vient à parler du baptême en général (<u>1re Apol</u>. 61, 1).
[2] On ne sera pas surpris de voir les textes de <u>Gn</u>. 49, 10-11 et d'<u>Es</u>. 11, 1-3 utilisés concurremment, connaissant leurs multiples connexions dans l'exégèse patristique; cf. P. PRIGENT, "Quelques testimonia messianiques, Leur histoire littéraire de Qumrân aux Pères de l'Eglise", <u>ThZ</u> 15 (1959), p. 419-430.

vinité;

11° mais il n'ajoute rien au Verbe préexistant, contrairement à la thèse de ceux qui pensent que l'événement a constitué le Christ en tant que tel[1];

12° les particularités de la relation qu'en fait l'apologiste méritent d'autant plus attention qu'il se réclame alors vivement des apôtres.

MÉLITON DE SARDES († entre 170 et 200)

On sait que l'oeuvre de celui que la tradition fait évêque de Lydie est presque entièrement perdue. Deux des fragments conservés contiennent cependant des allusions au baptême de Jésus.

Le premier est tiré d'un texte d'Anastase le Sinaïte († peu après 700) où l'auteur, à l'occasion d'une réfutation des monophysites, invoque le témoignage de Méliton polémiquant lui-même contre Marcion. L'origine de ce recours est la suivante: Anastase remarque que les monophysites s'autorisent de l'extrême rareté des notations physiologiques concernant Jésus[2] ou du caractère merveilleux de son être physique[3] pour déduire que la nature divine a absorbé en lui la nature humaine; il fait alors intervenir Méliton, dont l'adversaire lui semble avoir interprété de la même façon abusive les mêmes détails évangéliques relatifs à l'humanité du Christ:

"...Méliton, dans son ouvrage Sur l'incarnation

---

[1] L'interprétation rejetée en Dial. 88, 6 est celle pour laquelle Tryphon avait marqué sa préférence en Dial. 49, 1: c'est une exégèse ébionite (cf. supra, p. 48).

[2] Par exemple il n'est mentionné qu'une fois qu'il ait dormi: Mt. 8, 24; Mc 4, 38.

[3] Par exemple sa salive possède un pouvoir thérapeutique: Jn 9, 6-7.

du Christ, au livre trois, dénonce avec force l'exégète qui part des actions accomplies par le Christ après son baptême pour établir et accréditer la vérité de son âme et de son corps[1]... Voilà ce qu'affirme, dans son écrit contre Marcion, le théologien averti qu'est Méliton. Marcion niait en effet lui aussi l'économie incarnée du Christ, tout comme Sévère et Gaïanos[2], en utilisant ces mêmes prémisses et ces mêmes citations évangéliques qu'ils nous objectent encore maintenant, en disciples de Marcion le Pontique. Méliton répondit très judicieusement à ce dernier en affirmant que ceux qui ont du sens ne doivent pas partir des actions que le Christ a accomplies après son baptême pour établir la vérité et la réalité de son âme et de son corps, de sa nature humaine semblable à la nôtre. "Car les actions accomplies par le Christ après son baptême, dit-il, et surtout les signes, manifestaient sa divinité cachée dans la chair et l'accréditaient auprès du monde". En effet, comme il était Dieu et à la fois parfaitement homme en un seul être, il accrédita auprès de nous ses deux natures: sa divinité par les signes opérés pendant les trois années postérieures à son baptême, son humanité pendant les trente ans antérieurs à son baptême, alors qu'il cachait les signes de sa divinité par l'imperfection inhérente à la

---

[1] C'est-à-dire "de sa nature humaine semblable à la nôtre", comme le dit le texte un peu plus loin.
[2] Il s'agit de Sévère d'Antioche et du julianiste Gaïanos, candidat malheureux à l'épiscopat d'Alexandrie contre le sévérien Théodose vers 535.

chair, bien qu'il fût éternellement vrai Dieu."[1]

Comme on le voit, Anastase, dont l'information est très probablement de seconde main, ne donne pas dans ce texte la teneur même de l'extrait de Méliton auquel il se réfère, mais en fait plutôt une adaptation assez libre parsemée de ses propres termes et de ses propres concepts. La section rapportée au style direct, si tant est qu'il y en ait une, est donc des plus restreintes et l'ensemble du passage ne reproduit à coup sûr que très imparfaitement le mot à mot de l'original[2].

Ces réserves faites, il n'y a en revanche aucun anachronisme à maintenir l'authenticité du thème essentiel prêté à Méli-

---

[1] MÉLITON DE SARDES, Sur l'incarn. 3 (fragment 6 des éditions d'Otto, de Goodspeed et de Perler), in ANASTASE LE SINAÏTE, Le Guide 13; éd. PG, t. 89, s. d., col. 227D-230B plutôt qu'O. PERLER, Méliton de Sardes, Sur la Pâque et fragments, Introduction, texte critique, traduction et notes, Paris 1966 (SC 123), p. 226-227 où le contexte est absent (Marcion), la citation indéfinie (suppression de "φησίν") et la traduction discutable ("οὐδεμία ἀνάγκη", "τὰ σημεῖα", "ἄνθρωπος τέλειος").

[2] Cf. P. NAUTIN, Le dossier d'Hippolyte et de Méliton dans les florilèges dogmatiques et chez les historiens modernes, Paris 1953 (Patr 1), p. 84. Il n'est pas jusqu'au titre du livre allégué qui ne soit suspect: inconnu par ailleurs, il peut avoir été forgé d'après le sens du morceau qu'il introduit; il peut encore résulter de la déformation de l'intitulé d'un autre ouvrage attribué à Méliton, le Sur Dieu corporel (EUSÈBE DE CÉSARÉE, Hist. eccl. 4, 26, 2). Par contre rien n'interdit la possibilité d'une attaque de Marcion; il est de plus exact que l'hérésiarque ne spécule que sur l'âge adulte du Christ (TERTULLIEN, Adv. Marc. 1, 15, 1) en faisant preuve, si l'on veut, d'un certain "monophysisme" (ibid. 5, 20, 3). En tout état de cause, on trouvera l'opinion inverse selon laquelle le fragment serait "littéralement authentique" dans l'article de R. CANTALAMESSA, "Méliton de Sardes, Une christologie antignostique du 2e siècle", RevSR 37 (1963), p. 1-26: voir p. 23, n. 52; la version proposée p. 22 appelle les mêmes critiques que celle de Perler citée à la note précédente.

ton: dans une formulation plus systématique, il rejoint en effet les réflexions que faisait Justin seulement trente ou quarante ans plus tôt. L'idée est en substance celle-ci: la vie publique de Jésus, inaugurée à son baptême, est principalement, sinon exclusivement, révélatrice de sa nature divine; or c'est précisément ce que suggérait Justin: on a commencé à connaître le Fils de Dieu au Jourdain, et à partir de là les signes se sont succédé pour qu'on continue à l'identifier en tant que tel indépendamment de son humanité[1]. Il est très vraisemblable que Méliton a aussi exprimé la pensée inverse, complémentaire de la précédente: la vie cachée de Jésus, c'est-à-dire celle qu'il a eue jusqu'à son baptême, fonde avant tout, voire uniquement, sa nature humaine; voilà en tout cas encore l'opinion de Justin: pendant ses trente premières années le Christ s'est confondu avec le commun des autres hommes, sans que rien ne perce de sa divinité[2].

Il va sans dire que cet accord des deux apologistes n'implique rien de plus qu'une certaine diffusion du thème: ce qui leur est commun remonte aux évangélistes, qui connaissent déjà cette division de la vie de Jésus. Son baptême a effectivement toujours laissé le souvenir d'un "commencement" (Lc 3, 23; Ac. 1, 21-22; cf. Mc 1, 1), d'une irruption dans la vie des hommes (Mc 1, 9; Mt. 3, 13); c'est par lui que s'ouvre dans les quatre évangiles le récit de sa vie active, précisément consacrée à la manifestation de sa divinité. Il reste à expliquer comment Méliton a été amené à systématiser cette façon de voir au point d'établir deux relations univoques, l'une entre les trente premières années du Christ et son humanité, l'autre entre la fin de sa vie et sa divinité. Le concept qui lui permet d'opposer les deux périodes est celui de signe (σημεῖον); le terme est compris à la fois au sens obvie d'indice et au sens concret d'acte chargé de

---

[1] Cf. supra, p. 95, n. 1.
[2] Cf. supra, p. 95, n. 2.

sens. Cette double acception est johannique[1], et n'est donc pas inattendue chez un théologien asiate[2]. On voit maintenant que l'innovation de Méliton résulte d'une amplification des données de Jean: l'évangéliste affirme seulement que Jésus n'a fait de signes qu'après son baptême (Jn 2, 11)[3]; l'apologiste laisse entendre que dès lors il n'a plus fait que des signes (ou des actions significatives).

Le second fragment est transmis en tant que tel par deux manuscrits sous le nom de Méliton. Cette attribution ne semble pas avoir été contestée. L'auteur présente d'abord le baptême comme une loi universelle de la nature: les métaux sont trempés, la terre arrosée, l'air traversé par la pluie, etc.; puis il poursuit:

> "Si tu veux constater que les corps célestes sont baptisés, tourne-toi maintenant vers l'océan, et je te montrerai là un spectacle inouï: le grand large, la mer sans limites, l'abîme infini, l'océan immense, l'eau pure, le baptistère du soleil, le lieu de l'illumination des astres et celui du bain de la lune; reçois de moi un enseignement digne de foi sur la façon dont ils se baignent mystiquement. Le soleil poursuit la course du jour dans une cavalcade de feu; dans la rotation de sa course il prend l'aspect du feu et s'enflamme comme une torche; il brûle la zone médiane de sa course de telle sorte qu'à son périgée il consume la terre par dix éclairs fulgurants; puis il des-

---

[1] Cf. J.-P. CHARLIER, "La notion de signe (σημεῖον) dans le 4e Evangile", RSPT 43 (1959), p. 434-448 ou K. H. RENGSTORF, art. "Σημεῖον...", dans TWNT, vol. 7, 1964, p. 199-268, voir p. 241-257 ("Σημεῖον in den johanneischen Schriften").
[2] Autre exemple de cette dépendance dans le même morceau: la durée de trois ans retenue pour le ministère du Christ selon la chronologie propre à Jean.
[3] Une scolie du texte d'Anastase sur l'extrait de Méliton note très justement que ce verset de la péricope de Cana exclut les miracles de l'enfance.

cend avec crainte vers l'océan. Une sphère de cuivre remplie de feu intérieur éclaire d'une vive lumière; baignée dans l'eau froide, elle émet un grand bruit, rendue éclatante de lumière; toutefois son feu intérieur ne s'éteint pas, mais reprend et éclaire de plus belle. Il en est de même du soleil: il est de feu comme l'éclair et il se baigne entièrement dans l'eau froide sans que ce soit sa fin, car son feu ne dort pas; baigné dans un baptême mystique, il se réjouit grandement d'avoir l'eau comme nourriture; bien qu'unique et identique à lui-même, le soleil levant apparaît nouveau aux hommes, sortant tonifié de l'abîme, purifié du bain; il a chassé les ténèbres de la nuit, il a produit le jour éclatant. C'est d'après sa course que s'opère le mouvement naturel des astres et de la lune: ils se baignent en effet dans le baptistère du soleil comme de bons disciples; car les étoiles et la lune suivent le soleil à la trace, et en tirent une lumière pure. Et si le soleil, avec les astres et la lune, se baigne dans l'océan, pourquoi le Christ, lui aussi, ne se baignerait-il pas dans le Jourdain? Roi des cieux, chef de la création, soleil du levant, il apparut aussi bien aux morts dans l'Hadès qu'aux mortels dans le monde, lui le seul soleil qui se soit levé dans le ciel."[1]

Cet extrait est construit en forme de démonstration: il

---

[1] MÉLITON DE SARDES, Sur le bain 2-4 (fragment 8 de l'édition de Goodspeed, 8b de celle de Perler et absent de celle d'Otto), in Cod. Vatic. 2022, f°s 238-240 et Cod. Ambros. I, 9 sup.; éd. J.-B. PITRA, Analecta sacra spicilegio solesmensi parata, 5 t., Paris 1876-1884, t. 2, 1884, p. 3-5 (Vatic.) et J. M. MERCATI, "Symbolae melitonianae", ThQ 76 (1894), p. 597-600 (Ambros.: simple énumération des variantes sans reproduction du texte) ou O. PERLER, ibid., p. 230-233 (d'après les deux manuscrits, mais pas d'apparat critique). - Dans sa bibliographie de Méliton, Eusèbe de Césarée signale bien un ouvrage Sur le bain (Hist. eccl. 4, 26, 2).

comporte deux prémisses, la réalité du baptême du soleil (et des astres), longuement justifiée, et la correspondance entre le Christ et le soleil, implicitement admise, et une conclusion, la nécessité du baptême du Christ.

La première proposition, selon laquelle il y a un baptême des corps célestes, est assez singulière, comme semble d'ailleurs le déceler l'insistance même de l'auteur. L'étrangeté de l'affirmation est sans doute en partie imputable au genre littéraire du texte[1]; elle est aussi certainement moindre dans l'original qu'en traduction, en raison de la persistance en grec du sens non technique des termes du vocabulaire baptismal[2]; elle est enfin probablement explicable par l'existence d'expressions communes à la langue de l'astronomie antique et à celle de la sotériologie chrétienne, que les rencontres de mots soient for-

---

[1] Il s'agit de l'éloge, dont une des règles est de multiplier les exemples, seraient-ils artificiels; on le pratiquait toujours au second siècle (cf. H.-I. MARROU, Histoire de l'éducation dans l'Antiquité, 6e éd., Paris 1965, p. 306), en particulier chez les apologistes d'Asie (comparer l'éloge de l'huile dans THÉOPHILE D'ANTIOCHE, A Autol. 1, 12).

[2] Cf. G. W. H. LAMPE, A patristic Greek lexicon, Oxford 1961-1968, par exemple s. v. βαπτίζω: le sens d'immerger demeure bien attesté chez les Pères. Si par ailleurs on admet la possibilité d'une influence du syriaque sur Méliton, cf. R. P. SMITH, Thesaurus syriacus, 2 vol., Oxford 1879-1901, par exemple s. v. 'md: le sens de plonger subsiste également à côté de celui de baptiser; mieux encore, au moyen-passif le verbe signifie non seulement être baptisé mais aussi se coucher (en parlant d'un astre): on a peut-être donc affaire dans ce fragment à une terminologie propre à la rive orientale de la Méditerranée. Sur la question des connaissances syriaques de Méliton, voir P. KAHLE, "Was Melito's Homily on the Passion originally written in Syriac?", JTS 44 (1943), p. 52-56 (réponse: sans doute) et G. ZUNTZ, "Melito-Syriac?", VigChr 6 (1952), p. 193-201 (réponse: sûrement pas); la réfutation de Kahle par Zuntz contraint en tout cas à la plus grande prudence à l'égard de l'hypothèse d'un tel contact linguistique.

tuites ou non[1]. La seconde proposition, concernant la corrélation entre le Christ et le soleil, n'est par contre pas formulée d'emblée par Méliton, tant elle va de soi. Le thème est effectivement banal[2]; il est toutefois enrichi ici par la comparaison

---

[1] Le double sens cosmographique et baptismal est présent ici dans les notions d'illumination, de nourriture aqueuse, de renouvellement, de purification; des références aux textes scientifiques ou philosophiques anciens sont données dans les commentaires de F. J. DOELGER, Sol salutis, Gebet und Gesang im christlichen Altertum..., 2e éd., Münster in Westfalen 1925 (LGF 4-5 et LGQF 16-17), p. 342-345 et de R. M. GRANT, "Melito of Sardis on baptism", VigChr 4 (1950), p. 33-36.

[2] Sa diffusion provient de la confluence de deux courants: d'une part la recherche de titres messianiques dans les oracles prophétiques juifs, et plus précisément dans les testimonia, aboutit à nommer le Christ Soleil, Orient, Jour, Astre, Lumière, etc.; d'autre part la spéculation sur la raison divine à partir de concepts culturels grecs, élaborée en particulier par Philon d'Alexandrie, amène à concevoir le Logos comme pilote et cocher du char solaire. Il est impossible de citer ici les très nombreux textes bibliques, hellénistiques et patristiques impliqués; la plupart se trouvent dans la monographie classique de Dölger citée à la note précédente. Dans une bibliographie considérable, on peut sélectionner l'étude relativement récente et très suggestive de P. BESKOW, Rex gloriae, The kingship of Christ in the early Church [traduit du suédois], Upsal 1962, p. 200-206 (le Logos comme ἡνίοχος), où cet extrait de Méliton est d'ailleurs examiné; l'auteur associe avec raison le quadrige d'Hèlios, le trône de chérubins et la merkabah d'Ezéchiel (Ez. 1).

complémentaire des étoiles avec des disciples[1].

La combinaison de ces deux assertions fournit donc une justification du baptême du Christ[2]. Il paraît impossible, faute d'un contexte suffisant, de déterminer avec certitude qui contestait la nécessité de l'événement: Marcion[3]? un groupe gnostique[4]? plus simplement, l'auditoire même de l'apologiste[5]? les trois hypothèses sont plausibles, mais la première est la plus précise et la moins gratuite. On a en tout cas ici un nouveau témoignage des réticences à l'égard de la péricope évangélique.

Le raisonnement dépasse en fait sa conclusion formelle, le résultat acquis étant aussitôt utilisé: l'analogie entre le Christ et le soleil a permis d'établir la réalité du baptême du Christ, celle entre leurs baptêmes va servir à en interpréter la signification. Il est notable que Méliton fasse porter la compa-

---

[1] Cf. Mt. 13, 43. Voir d'autres exemples d'assimilation des patriarches, des apôtres ou des fidèles morts aux astres, aux "éléments" ou aux signes zodiacaux dans G. W. H. LAMPE, ibid., s. v. φωστήρ, στοιχεῖον et ζῴδιον. Il est remarquable que l'image ait été appliquée en retour à l'apologiste après sa mort par Polycrate d'Ephèse (entre 190 et 200): "...en Asie dorment de grands astres qui se lèveront le jour de la parousie du Seigneur...(parmi eux) Méliton...qui repose à Sardes..." (EUSÈBE DE CÉSARÉE, Hist. eccl. 5, 24, 2.5).

[2] La déduction n'est bien sûr nécessaire qu'autant qu'on admet le raisonnement par analogie; chez Méliton, il procède d'une présupposition de l'universalité du logos.

[3] Cf. A. HARNACK, Marcion, Das Evangelium vom fremden Gott..., 2e éd., Leipzig 1924 (TU 45), Beilagen, p. 421-423, où le morceau est reproduit à titre de pièce antimarcionite. On se rappelle que le Sur l'incarnation du Christ visait l'hérésiarque: voir supra, p. 100, n. 2.

[4] Cf. O. PERLER, ibid., p. 233, n. 6, qui invoque (sans conclure) la doctrine des Caïnites réfutés par Tertullien dans son De baptismo.

[5] L'oeuvre serait alors plus catéchétique que polémique, l'argumentation faisant seulement écho aux scrupules "orthodoxes" déjà prêtés à Jean-Baptiste par Mt. 3, 14.

raison, non sur les effets, mais sur les modalités des deux baptêmes: il rejette ainsi l'idée que le Christ ait eu besoin, comme le soleil, de l'action tonique de l'eau[1]. Chaque jour, après sa disparition dans l'océan, le soleil traverse les régions souterraines; de même, lors de son baptême, pendant son immersion dans le Jourdain, le Christ a pénétré dans les enfers[2]. Le propos exclusivement baptismal de l'auteur interdit en effet d'identifier cette descente du Christ dans l'Hadès à celle de sa mort; il est bien sûr possible que la première soit une représentation typologique de la seconde, décrite également une fois par l'apologiste: "C'est moi[3]...le Christ, c'est moi qui ai détruit la mort, qui ai triomphé de l'Ennemi, qui ai foulé aux pieds l'Hadès, qui ai lié le Fort et qui ai ravi l'homme vers les hauteurs des cieux..."[4]. Le rapprochement de ces deux passages fait apparaître en tout cas le rôle propre que Méliton assigne à chacun des deux _descensus_: alors que la mort du Christ permet sa victoire sur le royaume hostile de Satan, son baptême provoque son épiphanie dans le séjour neutre des ombres; cette signification très particulière d'apparition correspond sans aucun doute à une ultime exploitation de la métaphore solaire[5].

Si ces deux fragments _Sur l'incarnation du Christ_ et _Sur le bain_ sont réellement mélitoniens, comme on l'a supposé, leur

---

[1] La fonction des nombreux baptêmes opérés dans la nature est bien, selon ce fragment, de conserver ou de rendre à la création son "tonus": cf. M. SPANNEUT, _Le stoïcisme des Pères de l'Eglise de Clément de Rome à Clément d'Alexandrie_, 2e éd., Paris s. d. [1re éd., Paris 1957] (PSor 1), p. 354-355.
[2] Le fleuve devient par là quasi mythique; cf. appendice A, p. 127-128.
[3] C'est le Christ ressuscité qui parle.
[4] _Sur la Pâque_ 102 (si l'on suppose l'homélie authentique); le Fort (lié) (_Mt_. 12, 29; _Mc_ 3, 27), comme l'Ennemi, désigne traditionnellement le Diable (cf. _Ap_. 20, 2).
[5] On est donc dans un système différent de celui des _Odes de Salomon_ où les deux _descensus_ avaient la même fonction: détruire le Shéol (cf. _supra_, p. 25-26).

dissemblance est grande. Ils s'accordent pourtant pour valoriser le baptême de Jésus en y voyant, l'un la manifestation inaugurale de la divinité, l'autre l'épiphanie cosmique du Christ, c'est-à-dire en fait dans les deux cas la révélation de la venue du Sauveur dans le monde[1]. Mais il serait téméraire d'en conclure que l'apologiste réserve à l'événement une place prééminente dans sa sotériologie, au détriment de la conception virginale: la réputation d'orthodoxie de l'auteur en matière de christologie et l'analyse sous ce même rapport de ce qui reste de son oeuvre montrent que le baptême de Jésus n'a été mis en relief que dans la mesure des nécessités polémiques[2].

---

[1] Sur ce thème de l'épiphanie, dont l'importance sera consacrée ultérieurement par une fête liturgique particulière, lire J. DANIÉLOU, Etudes d'exégèse judéo-chrétienne, Les testimonia, Paris 1966 (TH 5), p. 15-27 ("Les origines de l'épiphanie et le Psaume 117") [Ps. 118 (117)]. Cette étude souligne avec raison que l'extension du concept est plus grande dans les textes grecs et hellénistiques, où il évoque n'importe quelle "hiérophanie" ou intervention surnaturelle, que dans les écrits canoniques et patristiques, où il renvoie très souvent à la venue eschatologique, passée ou future (généralement décrite comme une illumination salvatrice). Il conviendrait par contre de marquer plus nettement qu'on a d'abord tenté de faire du baptême de Jésus, comme de la nativité, l'épiphanie par excellence, et que ce n'est qu'avec le développement de la théologie de l'enfance qu'on l'a considéré comme une épiphanie au sens général (en raison de ses aspects miraculeux); le fragment Sur le bain en serait une attestation remarquable.

[2] Selon l'ouvrage de R. CANTALAMESSA, L'omelia In S. Pascha dello Pseudo-Ippolito di Roma..., Milan 1967 (PSC3SFL 16), l'Homélie sur la Pâque du Pseudo-Hippolyte, datée habituellement du troisième ou du quatrième siècle, appartiendrait à la littérature asiate contemporaine de Méliton. Il faudrait alors ajouter ici au dossier du baptême de Jésus une allusion à la colombe (Sur la Pâque 9, 6) et une citation de Jn 1, 29 (ibid. 18).

IRÉNÉE DE LYON (écrit entre 175 et 200)

On trouve une vingtaine de mentions du baptême de Jésus dans les écrits d'Irénée conservés jusqu'aujourd'hui, soit beaucoup plus que chez aucun autre auteur des deux premiers siècles. Mais la moitié sont imputables aux divers sectaires dont l'hérésiologue rapporte les opinions[1]; quant aux autres, plusieurs ne sont que de simples allusions ou des digressions incidentes, et toutes ont une intention polémique. En un sens, la scène du Jourdain n'est jamais commentée pour elle-même, et il ne faut donc pas s'exagérer au vu des données statistiques l'importance qu'Irénée lui accorde[2].

Deux passages de l'Adversus haereses retiennent l'attention par leur longueur et par leur cohésion. Le premier (Adv. haer. 3, 9, 3) s'inscrit dans une vaste démonstration de l'unicité de Dieu[3]. Le texte de Mt. 3, 16-17 y apparaît à titre de preuve scripturaire. Il est à vrai dire peu probant, et sa portée est surtout christologique. Irénée lui-même l'a bien vu et il ne l'allègue en fait que parce qu'il a entrepris de passer en revue tout le début du 1er Evangile (Adv. haer. 3, 9, 1-3).

> "Matthieu dit encore, sur le baptême: "Les cieux s'ouvrirent et il (Jésus) vit l'Esprit de Dieu comme une colombe venir sur lui. Et voici qu'une voix du ciel disait: "Celui-ci est mon Fils bien-aimé en qui

---

[1] Voir la liste des commentateurs et des textes retenus, infra, p. 138.

[2] Pour cette notice, voir A. ORBE, La unción del Verbo, Estudios valentinianos, vol. 3, Rome 1961 (AG 113), p. 501-541 ("La unción de Cristo en la teología de s. Ireneo"); cf. aussi E. E. FABBRI, "El bautismo de Jesús y la unción del Espíritu en la teología de Ireneo", CiFe 12 (1956), fasc. 45, p. 7-42 et ID., "El bautismo de Jesús y el reposo del Espíritu en la teología de Ireneo", CiFe 12 (1956), fasc. 48, p. 39-63.

[3] Cf. A. BENOÎT, Saint Irénée, Introduction à l'étude de sa théologie, Paris 1960 (EHPR 52), p. 169-179.

je me suis complu""[1]. Non, le Christ n'est pas descendu à ce moment-là dans Jésus; non, le Christ n'est pas un autre que Jésus. Mais le Verbe de Dieu, Sauveur de tout et Seigneur du ciel et de la terre, c'est-à-dire Jésus, comme nous l'avons déjà montré, qui a assumé la chair et qui a reçu du Père l'onction de l'Esprit, c'est lui qui est devenu Jésus-Christ. Comme le dit aussi Esaïe: "Un rejeton sortira de la racine de Jessé et une fleur s'élèvera de sa racine. Sur lui reposera l'Esprit de Dieu, esprit de sagesse et d'intelligence, esprit de conseil et de force, esprit de science et de piété; l'esprit de la crainte de Dieu le remplira. Il ne jugera pas sur le renom et n'accusera pas sur ouï-dire, mais rendra justice à l'humble et accusera ceux qui ont un renom sur la terre"[2]. Ailleurs Esaïe lui-même fait connaître à l'avance son onction et la raison de cette onction en disant: "L'Esprit de Dieu est sur moi, c'est pourquoi il m'a oint; il m'a envoyé porter la bonne nouvelle aux humbles, guérir ceux qui ont le coeur brisé, annoncer aux captifs la délivrance et aux aveugles la vue, proclamer une année de grâce du Seigneur et un jour de rétribution, consoler tous ceux qui se lamentent"[3]. Car en tant que le Verbe de Dieu était homme, issu de la racine de Jessé et fils d'Abraham, en tant que cela l'Esprit de Dieu reposait sur lui et il était oint pour porter la bonne nouvelle aux humbles; mais en tant qu'il était Dieu, il ne jugeait pas sur le renom et n'accusait pas sur ouï-dire: "Car il n'avait pas besoin qu'on lui rendît témoignage sur l'homme, alors qu'il savait lui-même ce qu'il y a dans l'homme"[4]. Mais il appelait tous les hommes qui se lamentent et il faisait don de la délivrance à ceux que leurs péchés avaient réduits en captivité, en les

---

[1] Mt. 3, 16-17.
[2] Es. 11, 1-4.
[3] Es. 61, 1-2.
[4] Jn 2, 25.

détachant des chaînes dont Salomon dit: "Dans les liens de ses péchés chacun est entravé"[1]. L'Esprit de Dieu est donc descendu en lui, l'esprit de celui qui avait promis par les prophètes qu'il l'oindrait pour que nous soyons sauvés en recueillant notre part de son abondante onction."[2]

Le second passage (Adv. haer. 3, 17, 1) s'insère dans une réfutation détaillée des christologies hérétiques[3]. Irénée rappelle le témoignage apostolique sur la descente de l'Esprit au Jourdain (Mt. 3, 16; Mc 1, 10; Lc 3, 22; cf. Jn 1, 32). Il pense en effet devoir établir et expliquer cet élément controversé du baptême de Jésus. Mais il s'en tient là et ne relève aucun autre aspect de la scène.

"Car les apôtres auraient pu dire que le Christ était descendu dans Jésus ou le Sauveur d'en haut dans un Sauveur qui soit de l'économie ou un des lieux invisibles dans un du Démiurge; mais ils n'ont rien su ni rien dit de tel: car s'ils l'avaient su, ils l'auraient certainement dit. Et ils ont dit ce qui était: "L'Esprit de Dieu comme une colombe descendit en lui"[4], cet Esprit dont Esaïe a dit: "Et sur lui reposera l'Esprit de Dieu"[5], comme nous l'avons dit plus haut. Et ailleurs: "L'Esprit du Seigneur est sur moi, c'est pourquoi il m'a oint"[6], cet Esprit dont le Seigneur dit: "Car ce n'est pas vous qui parlez, mais l'Esprit de votre Père qui parle en vous"[7]. Et ailleurs, en donnant à ses disciples le pouvoir de régénérer pour Dieu, il leur disait: "Allez, enseignez

---

[1] Pr. 5, 22.
[2] Adv. haer. 3, 9, 3; éd. F. SAGNARD, Irénée de Lyon, Contre les hérésies, livre 3, Texte latin, fragments grecs, introduction, traduction et notes, Paris 1952 (SC 34), p. 156-161.
[3] Cf. A. BENOÎT, ibid., p. 169-179.
[4] Mt. 3, 16; Mc 1, 10; Lc 3, 22; cf. Jn 1, 32.
[5] Es. 11, 2.
[6] Es. 61, 1.
[7] Mt. 10, 20.

toutes les nations, en les baptisant au nom du Père, du Fils et de l'Esprit saint"[1]. Car cet Esprit, il a promis par les prophètes de le "répandre dans les derniers temps sur ses serviteurs et ses servantes pour qu'ils prophétisent"[2]. De là vient que l'Esprit est descendu dans le Fils de Dieu devenu fils de l'homme, s'habituant avec lui à habiter dans le genre humain, à reposer dans les hommes et à habiter dans la créature de Dieu, opérant en eux la volonté du Père et les renouvelant de leur décrépitude dans la nouveauté du Christ."[3]

Ces deux passages sont dans l'ensemble parallèles. Le second résume en partie le premier et y renvoie expressément ("sicut praediximus"). L'enchaînement des idées est à peu près identique dans les deux cas: rappel de la matière évangélique (descente de l'Esprit sur Jésus), critique de la thèse gnostique (dichotomie entre le Christ et Jésus), citation des oracles prophétiques (Es. 11, 1-4; 61, 1-2 d'une part, Es. 11, 2; 61, 1 d'autre part), explication de la nature de l'événement (onction de Jésus par l'Esprit), exposé de sa motivation finale (don de l'Esprit aux chrétiens). Les deux derniers points sont bien sûr essentiels, puisqu'ils constituent l'exégèse proprement dite d'Irénée; on les examinera successivement, aussi bien dans les deux passages déjà cités que dans tous les autres qui les développent.

Irénée s'attache donc d'abord à définir en quoi consiste le baptême de Jésus (voir surtout Adv. haer. 3, 9, 3). Il rejette la théorie valentinienne et fait valoir le sens obvie des évangiles: la colombe qui est descendue sur Jésus lors de son baptême n'est autre que l'Esprit de Dieu (Mt. 3, 16; Mc 1, 10; Lc 3, 22; cf. Jn 1, 32). Cet épisode était prédit dans les textes

---

[1] Mt. 28, 19.
[2] Jl 3, 1-2 (2, 28-29).
[3] Adv. haer. 3, 17, 1; éd. F. SAGNARD, ibid., p. 302-303.

d'<u>Es</u>. 11, 2-3[1] et d'<u>Es</u>. 61, 1[2]. Selon ce dernier, le don de l'Esprit équivaut à une onction; le baptême a donc fait de Jésus un oint, c'est-à-dire, étymologiquement, un "christ"[3]. Ainsi Jésus ne devient Jésus-Christ qu'au Jourdain, sans que cela implique de solution de continuité dans sa nature: il est éternellement le Verbe de Dieu. L'identité du Fils avant et après son baptême fait qu'il ne peut recevoir l'onction de l'Esprit qu'"en tant qu'homme"[4]. L'expression est reprise deux fois dans la <u>Démonstration</u>[5], et il s'agit sans aucun doute dans chaque cas d'une allusion à la scène du Jourdain:

> "...la présence intérieure de l'Esprit de Dieu est multiple et est énumérée par le prophète Esaïe en sept formes de ministères qui se sont reposées sur le Fils de Dieu, c'est-à-dire le Verbe, à sa venue en tant qu'homme, et en effet il dit: "Sur lui reposera l'Esprit de Dieu, esprit de sagesse et d'intelligence, esprit de conseil et de force, (et de science) et de

---

[1] L'auteur peut avoir emprunté cette interprétation à Justin (<u>Dial</u>. 87-88), mais elle est trop répandue pour que cela soit nécessaire: cf. <u>supra</u>, p. 49-50.

[2] Cette opinion vient de <u>Lc</u> 4, 18, conformément au sens originel du verset; cf. <u>supra</u>, p. 14-16.

[3] En fait on n'a pas d'abord déduit la messianité de Jésus de son baptême d'Esprit, mais on a au contraire justifié son titre de Christ par l'onction du Jourdain; voir M.-A. CHEVALLIER, <u>L'Esprit et le Messie dans le bas-judaïsme et le Nouveau Testament</u>, Paris 1958 (EHPR 49), p. 74-83.

[4] Ici (<u>Adv. haer</u>. 3, 9, 3) comme ailleurs (<u>ibid</u>. 3, 21, 4; <u>Dém</u>. 53.60; etc.) Irénée se montre soucieux de distinguer les "idiomes": il répartit les prophéties messianiques en deux catégories, selon qu'elles concernent des qualités et des actions divines ou humaines.

[5] Cet ouvrage est postérieur à l'<u>Adversus haereses</u> (<u>Dém</u>. 99).

piété; l'esprit de la crainte de Dieu le remplira"[1]."[2]

"Car il[3] a reçu le nom de Christ parce que le Père a oint et orné toutes choses par lui et aussi en raison de sa venue en tant qu'homme, car il a été oint par l'Esprit de Dieu, qui est aussi son Père, comme il s'exprime lui-même à son propre sujet par l'intermédiaire d'Esaïe: "L'Esprit du Seigneur (est) sur moi: c'est pourquoi il m'a oint pour porter de bonnes nouvelles aux pauvres"[4]."[5]

Ce dernier extrait révèle que pour Irénée le baptême de Jésus n'est pas la seule explication de son titre de Christ, qui lui est aussi donné en raison de sa médiation dans la création. Ce n'est pas tout: ailleurs, en un troisième sens, l'onction du Fils peut désigner chez l'évêque de Lyon son sacre comme roi avant tous les siècles; elle le fait alors Christ "en tant que Dieu". Dans le morceau suivant, la formule s'oppose directement à celle d'Adv. haer. 3, 9, 3, de Dém. 9 et de Dém. 53, ce qui exclut qu'il soit question de l'événement du Jourdain: "...voici comment David s'exprime au sujet du Père et du Fils: "Ton trône, ô Dieu, est pour les siècles des siècles; tu as aimé la justice, tu as haï l'iniquité; c'est pourquoi Dieu t'a oint d'une huile de joie plus que tes compagnons"[6]. En effet, le Fils en tant qu'il est Dieu, reçoit du Père, c'est-à-dire de Dieu, le trône de l'éternelle royauté et l'huile de l'onction, plus abondamment que ses compagnons; et l'huile d'onction, (c') est l'Esprit dont il est oint, et ses compagnons (sont) les prophètes, les justes,

---

[1] Es. 11, 2-3.
[2] Dém. 9; éd. PO, t. 12, fasc. 5, 1919, p. 666. - La version française reproduite ici est celle de L. M. FROIDEVAUX, Irénée de Lyon, Démonstration de la prédication apostolique, Nouvelle traduction de l'arménien avec introduction et notes, Paris 1959 (SC 62), p. 44-45.
[3] Le fils d'Es. 7, 14.
[4] Es. 61, 1; Lc 4, 18.
[5] Dém. 53; éd. PO, ibid., p. 700. - Traduction de L. M. FROIDEVAUX, ibid., p. 114.
[6] Ps. 45 (44), 7-8.

les apôtres, et tous ceux qui reçoivent participation à sa royauté, c'est-à-dire ses disciples"[1].

Le Fils reçoit donc deux onctions distinctes, l'une hors du temps, l'autre à son baptême. Mais beaucoup de passages évoquent la notion sans préciser davantage, en particulier tous ceux où elle n'est exprimée que par le seul mot de "Christ"; on doit donc les trier avec circonspection. Deux seulement font certainement allusion au baptême du Christ. Ils concernent en effet manifestement l'un et l'autre le Jésus historique. Le premier vise à prouver la réalité de son incarnation et de sa mort; il contient d'ailleurs une claire allusion à la thèse gnostique sur la colombe du Jourdain:

> "...il (Paul) indique, non qu'un Christ incapable de souffrir est descendu dans Jésus, mais que c'est bien Jésus-Christ lui-même qui a souffert pour nous, qui s'est couché et qui est ressuscité, qui est descendu et qui est monté, Fils de Dieu devenu fils de l'homme, comme l'indique aussi son nom même. Car le nom de Christ sous-entend celui qui a donné l'onction, celui qui l'a reçue et l'onction qui a été donnée; celui qui l'a donnée, c'est le Père, celui qui l'a reçue, c'est le Fils, dans l'Esprit qui est l'onction. Comme la Parole le dit par Esaïe: "L'Esprit de Dieu est sur moi, c'est pourquoi il m'a oint"[2], en indiquant à la fois le Père qui donne l'onction, le Fils qui la reçoit et l'onction qui est l'Esprit."[3]

Le second passage fait partie d'un commentaire de la péricope du centurion Corneille (Ac. 10); Irénée applique, légitimement du reste, l'onction d'Ac. 10, 38 au Christ incarné:

> "Mais il lui (à Corneille) manquait la connais-

---

[1] Dém. 47. Traduction de L. M. FROIDEVAUX, ibid., p. 107-108. - Un autre texte d'Irénée vise sûrement aussi cette onction primordiale et ne doit donc pas entrer dans le dossier des références à la scène du Jourdain: c'est Adv. haer. 3, 6, 1 (également à propos de Ps. 45 (44), 7-8).
[2] Es. 61, 1.
[3] Adv. haer. 3, 18, 3; éd. F. SAGNARD, ibid., p. 316-317.

sance du Fils; c'est pourquoi il (Pierre) ajouta:
"Vous savez ce dont on a parlé dans toute la Judée,
comment, en commençant par la Galilée, après le baptême prêché par Jean, Jésus de Nazareth a été oint par
Dieu d'Esprit saint et de puissance"[1]... Il est clair
d'après les paroles de Pierre qu'il a gardé le Dieu
qui leur (aux prosélytes) était connu auparavant et
qu'il leur a attesté que le Fils de Dieu est Jésus-
Christ, juge des morts et des vivants, au nom duquel
il ordonna de les baptiser pour la rémission des péchés. Et il a attesté non seulement cela, mais aussi
que Jésus lui-même est le Fils de Dieu, lui qui du
fait de l'onction de l'Esprit saint est appelé Jésus-
Christ. C'est ce même Jésus qui est né de Marie, comme
l'implique le témoignage de Pierre."[2]

Il faut maintenant aborder le second point: quelle est la
raison d'être du baptême du Christ? (voir surtout Adv. haer. 3,
17, 1). Nulle part Irénée ne lui attribue de signification pour
Jésus lui-même. Il en explique en revanche largement la portée
pour les chrétiens. L'onction du Jourdain conditionne celle de
la Pentecôte: l'Esprit d'Es. 11, 2 est d'abord descendu sur le
Fils de l'homme pour pouvoir ensuite se répandre sur tous les
hommes, conformément à la prophétie de Jl 3, 1-2 (2, 28-29)[3].
Dans l'extrait suivant, - il s'agit d'un commentaire typologique
de l'épisode de la toison de Gédéon (Jg 6, 36-40) -, il apparaît
que cette effusion sur l'Eglise est la contrepartie de l'abandon

---

[1] Ac. 10, 37-38.
[2] Adv. haer. 3, 12, 7; éd. F. SAGNARD, ibid., p. 226-229. - Parmi les passages écartés, il faut signaler surtout Adv. haer. 3, 12, 5: Irénée y cite Ac. 4, 24-28 (et du même coup Ps. 2, 1-2) mais il rapporte, paradoxalement cette fois, l'onction d'Ac. 4, 26-27 à la royauté éternelle du Fils, sous l'influence de Ps. 2, 2 (cf. Dém. 74).
[3] La même idée est exprimée en termes différents par Adv. haer. 3, 9, 3: la cause de l'onction de Jésus ("propter quid unctus est"), c'est son ministère auprès des humbles (Es. 61, 1-2).

d'Israël:

"Gédéon, cet Israélite que Dieu choisit pour sauver le peuple d'Israël de la domination étrangère, a vu à l'avance cette grâce offerte et a modifié sa requête. Sur la toison de laine, qui seule d'abord avait eu de la rosée, ce qui était un type du peuple d'Israël, il montra prophétiquement l'aridité future, c'est-à-dire que ce peuple ne recevrait plus de Dieu l'Esprit saint, comme le dit Esaïe: "J'interdirai aux nuages de pleuvoir sur elle"[1], mais que sur toute la terre il y aurait une rosée, l'Esprit de Dieu qui est descendu dans le Seigneur, "esprit de sagesse et d'intelligence, esprit de conseil et de puissance, esprit de science et de piété, esprit de la crainte de Dieu"[2]. C'est cet Esprit lui-même que le Seigneur a donné à son tour à l'Eglise, en envoyant des cieux le Paraclet sur toute la terre, là où il dit que le Diable a été "projeté comme l'éclair"[3]. C'est pourquoi la rosée de Dieu nous est nécessaire pour ne pas être consumés ni rendus improductifs et pour que, là où nous avons un accusateur, nous ayons aussi un Paraclet."[4]

On voit qu'Irénée suit de très près l'exégèse de Justin; certes il renouvelle en partie son argumentation biblique, mais pour le fond il reprend telle quelle sa théorie des périodes pneumatologiques successives[5]. Il insiste cependant particulièrement sur le rôle du Christ dans le don de l'Esprit aux chrétiens, en soulignant que c'est lui qui le leur promet et le leur envoie[6]. Voilà donc un quatrième sens de l'onction du Fils: il oint ses

---

[1] Es. 5, 6.
[2] Es. 11, 2-3.
[3] Lc 10, 18.
[4] Adv. haer. 3, 17, 3; éd. F. SAGNARD, ibid., p. 306-307.
[5] Voir JUSTIN LE MARTYR, Dial. 87, 3 à 88, 1; cf. supra, p. 92-94.
[6] Voir soit le texte principal (Adv. haer. 3, 17, 1), soit le dernier cité (ibid. 3, 17, 3).

disciples de charismes spirituels[1].

En complément, il faut reproduire enfin les quatre derniers passages d'Irénée relatifs au baptême du Christ. Ils ne sont pas comme les précédents centrés sur la notion d'onction et, pour cette raison, ils ont été jusqu'à présent laissés de côté; ils n'apportent d'ailleurs rien d'important. Trois d'entre eux évoquent le témoignage de Jean-Baptiste (Jn 1, 29-34):

"Ensuite il (Zacharie) dit à Jean: "Et toi, mon enfant, on t'appellera prophète du Très-Haut, car tu iras en avant, devant la face du Seigneur, préparer ses voies, afin de donner l'intelligence du salut à son peuple pour la rémission de ses péchés"[2]. Car voilà la connaissance du salut qui lui manquait; c'est celle du Fils de Dieu, que Jean lui donnait en disant: "Voici l'agneau de Dieu, qui enlèvera le péché du monde. C'est de lui que je disais: "Après moi vient un homme qui est passé devant moi, parce qu'il était avant moi""[3]... Voilà donc la connaissance du salut que Jean donnait à ceux qui faisaient pénitence et qui croyaient à l'agneau de Dieu qui ôte le péché du monde."[4]

"C'est pourquoi le Seigneur a dit qu'il le (Jean-Baptiste) tenait pour "plus qu'un prophète"[5]. Car tous les autres prophètes ont annoncé la venue de la lumière du Père, et ils ont désiré être dignes de voir ce-

---

[1] Les quatre onctions du Verbe sont donc celle qu'il reçoit en tant que Dieu (sa royauté pour l'éternité), celle qu'il donne en tant que Dieu (son organisation du cosmos), celle qu'il reçoit en tant qu'homme (son baptême au Jourdain), celle qu'il donne en tant qu'homme (sa réalisation de la Pentecôte); cf. A. ORBE, ibid., p. 516.
[2] Lc 1, 76-77.
[3] Jn 1, 29-30.
[4] Adv. haer. 3, 10, 3; éd. F. SAGNARD, ibid., p. 168-171.
[5] Mt. 11, 9; Lc 7, 26.

lui qui était l'objet de leurs prédictions[1]. Mais Jean
d'une part l'a annoncé à l'avance comme eux et d'autre
part l'a vu venir à lui, l'a montré[2] et a incité beaucoup à croire en lui, si bien qu'il a tenu lui-même la
place de prophète et d'apôtre. Car c'est ce que signifie "plus qu'un prophète", puisque s'ordonnent "premièrement les apôtres, deuxièmement les prophètes"[3]..."[4]

"...celui-là (le Fils) vint en Judée, engendré de
Dieu par l'Esprit saint et né de la Vierge Marie qui
(descend) de David et d'Abraham, Jésus, l'oint de
Dieu[5], qui a montré que c'était lui-même qui avait été
annoncé d'avance par les prophètes. Son précurseur,
Jean-Baptiste, quand il préparait et disposait d'avance le peuple à la réception du Verbe de vie, (leur)
fit savoir que celui-ci est le Christ, sur lequel
l'Esprit de Dieu avait reposé[6], uni avec sa chair."[7]

Le dernier passage est tiré de remarques sur les notations propres à Luc:

"Nous connaissons par lui (Luc) beaucoup d'éléments de l'évangile, et des plus nécessaires; par
exemple...à propos du baptême de Jean, quel âge avait
le Seigneur quand il a été baptisé[8] et que c'était

---

[1] Mt. 13, 17; Lc 10, 24.
[2] Jn 1, 29.
[3] 1 Co. 12, 28.
[4] Adv. haer. 3, 11, 4; éd. F. SAGNARD, ibid., p. 186-189.
[5] Cf. Es. 11, 1-2 (comparer Dém. 59).
[6] Jn 1, 32; cf. Es. 11, 2.
[7] Dém. 40-41; éd. PO, ibid., p. 689-690. - Traduction de L. M.
FROIDEVAUX, ibid., p. 95.
[8] Lc 3, 23.

l'an quinze de Tibère César[1]..."[2]

Il résulte de ces onze mentions du baptême du Christ qu'à peu de chose près Irénée réduit le problème à la question de la descente de l'Esprit. Cela montre à quel point il est préoccupé par l'interprétation valentinienne de la colombe, mais aussi qu'il n'est pas suffisamment intéressé par l'événement pour s'arrêter sur ce qui est moins controversé. Son exégèse s'en trouve très simplifiée: d'une part, c'est l'Esprit qui est venu sur Jésus, et non quelque Christ; d'autre part, la cause finale de cette "onction" est l'effusion des dons spirituels sur l'Eglise. Les prophéties du baptême de Jésus sont Es. 11, 2-3[3] et Es. 61, 1[4]; elles semblent assez spécifiques pour que leur présence confirme la réalité d'une allusion à la scène du Jourdain.

En tant qu'hérésiologues, Justin, Méliton et Irénée adaptent donc certainement pour une bonne part leur pensée sur le baptême du Christ à leurs polémiques respectives. Justin et Irénée le déprécient, ayant affaire, le premier aux ébionites, le second aux valentiniens; Méliton au contraire le vante, probablement en réaction contre Marcion. Mais il existe sans doute au delà de ces divergences occasionnelles un certain accord pour donner à l'événement une place secondaire. Il est d'ailleurs devenu impossible, dans les milieux de la grande Eglise de la se-

---

[1] Lc 3, 1.
[2] Adv. haer. 3, 14, 3; éd. F. SAGNARD, ibid., p. 264-265. - Quant au fragment 31 (1re série) de l'édition de Harvey, qui mentionne aussi le baptême de Jésus, il est inauthentique: cf. P. NAUTIN, Le dossier d'Hippolyte et de Méliton dans les florilèges dogmatiques et chez les historiens modernes, Paris 1953 (Patr 1), p. 64-72.
[3] Cf. Adv. haer. 3, 9, 3; 3, 17, 1.3; Dém. 9.40-41.
[4] Cf. Adv. haer. 3, 9, 3; 3, 17, 1; 3, 18, 3; Dém. 53.

conde moitié du deuxième siècle, de s'écarter notablement de la ligne des évangiles. Pour ce qui est de l'interprétation proprement dite, il y a partiellement unité de vues entre Justin et Méliton d'une part (le baptême de Jésus constitue un commencement dans sa vie) et entre Justin et Irénée d'autre part (il est le foyer de l'espèce de faisceau dessiné par l'Esprit passant des juifs aux chrétiens). C'est toutefois très insuffisant pour définir un type d'exégèse commun aux hérésiologues.

CHAPITRE HUIT

LES PAÏENS

Une seule opinion païenne sur le baptême de Jésus a été conservée pour les deux premiers siècles, mais ce n'est pas peu, eu égard à la diffusion restreinte des traditions bibliques pendant cette période. Cet unique témoignage est en outre d'autant plus remarquable qu'il est celui d'un homme cultivé, le philosophe Celse.

CELSE (écrit vers 180)

Le <u>Discours véritable</u> où le polémiste expose ses critiques contre la religion chrétienne n'est connu, comme on sait, que par les citations qu'en fait Origène quelque soixante-dix ans plus tard dans son <u>Contre Celse</u>. Il est admis que la réfutation est assez honnête et méticuleuse pour rapporter textuellement l'essentiel du réquisitoire. Une question préalable cependant: Celse place une partie de son argumentation, et notamment celle qui concerne le baptême de Jésus, dans la bouche d'un juif, personnage fictif[1], mais dont les propos reflètent parfois une exégèse rabbinique authentique[2]; est-il dès lors légitime d'attribuer la matière de ces développements au philosophe? La réponse doit être affirmative, car il utilise ses sources si librement qu'on peut les considérer comme intégrées à sa pensée personnel-

---

[1] Cf. ORIGÈNE, <u>Contre Celse</u> 1, 28.
[2] Cf. M. LODS, "Etude sur les sources juives de la polémique de Celse contre les chrétiens", <u>RHPR</u> 21 (1941), p. 1-33.

le.

Voici les passages qui permettent de reconstituer le contenu du <u>Discours véritable</u> relatif à la scène du Jourdain:

"Ensuite il (Celse) prend dans <u>Matthieu</u> et peut-être aussi dans les autres évangiles ce qui concerne la colombe qui a volé sur le Sauveur à son baptême auprès de Jean, et il s'efforce de rejeter comme fiction ce qui en est dit. Ayant démoli, à ce qu'il croit, l'histoire selon laquelle notre Sauveur est né d'une vierge, il n'expose pas ce qui suit dans l'ordre... Car s'il avait respecté l'ordre, il aurait pris l'évangile et, déterminé à l'attaquer, il aurait critiqué la première histoire, ensuite il serait passé à la deuxième, et de même pour les autres; mais en fait, après la naissance d'une vierge, celui qui fait profession de tout savoir de nos doctrines, Celse, attaque l'apparition du Saint-Esprit sous la forme d'une colombe au baptême, puis là-dessus il rejette les prophéties de la venue de notre Sauveur, après quoi il revient à ce qui est rapporté à la suite de la naissance de Jésus, au récit concernant l'étoile et les mages venus de l'Orient pour adorer l'enfant... Eh bien! voyons donc ce qu'il dit en rejetant le fait que le Sauveur ait vu en quelque sorte corporellement l'Esprit saint sous la forme d'une colombe. C'est encore le juif qui parle ainsi à celui que nous reconnaissons pour notre Seigneur Jésus: "Tu dis qu'à ton baptême auprès de Jean l'apparition d'un oiseau descendant des airs a volé sur toi". Puis le juif s'enquiert auprès de Jésus: "Quel témoin recevable a vu cette apparition et a entendu une voix venant du ciel t'adopter comme Fils de Dieu? Il n'y a que toi qui déposes et le seul témoin que tu puisses produire, c'est l'un de tes compagnons de supplice!"..."[1]

"Pourquoi donc le juif de Celse dit-il ceci contre nous: "Car si quelqu'un vous a prédit que le Fils de Dieu arriverait bien chez les hommes, c'était notre prophète et le prophète de notre Dieu"? Et quel grief faire au christianisme de ce que "celui qui a baptisé Jésus, Jean, était juif"?..."[2]

"Après quoi il (le juif) dit: "S'il (Jésus) voulait rester caché, pourquoi entendait-on la voix venant du ciel le proclamer Fils de Dieu?"... En tout cas, la voix venant du ciel le proclamant Fils de Dieu par ces mots: "Celui-ci est mon Fils bien-aimé en qui je me suis complu", il n'est pas rapporté qu'elle devait être entendue des foules, ce qu'a cru le juif de Celse."[3]

Ce qui frappe tout d'abord dans la diatribe de Celse, c'est la qualité de l'information. Il est clair que le philosophe est bien au courant des traditions chrétiennes: non seulement il ne commet aucune des méprises grossières dont les païens de l'époque sont coutumiers, mais encore il fait preuve d'une exactitude

---

[1] CELSE, Disc. vér., in ORIGÈNE, Contre Celse 1, 40.41; éd. M. BORRET, Origène, Contre Celse, t. 1 (livres 1-2), Introduction, texte critique, traduction et notes, Paris 1967 (SC 132), p. 182-187.

[2] CELSE, Disc. vér., in ORIGÈNE, Contre Celse 2, 4; éd. M. BORRET, ibid., p. 292-293. - Cette allusion au baptême du Christ est d'ordinaire laissée à Origène, mais on ne voit pas pourquoi il introduirait ici pour désigner le Baptiste une périphrase qui souligne sa priorité sur Jésus; il est par contre plausible que Celse fasse rappeler par son juif le rôle de Jean, étant donné qu'il a dû effectivement alimenter la polémique rabbinique contre les chrétiens (cf. Jn 1, 19-34).

[3] CELSE, Disc. vér., in ORIGÈNE, Contre Celse 2, 72; éd. M. BORRET, ibid., p. 456-457.

remarquable[1]. Il y a cependant d'importantes incohérences dans le raisonnement: le personnage de Jean-Baptiste est présenté tantôt en mauvaise part, comme un misérable disciple du Christ, tantôt en bonne part, comme un véritable prophète d'Israël; la voix divine est entendue soit par Jésus et Jean-Baptiste seuls, soit par tous les assistants. Mais ces contradictions elles-mêmes résultent de la richesse de la documentation: sans penser que son illogisme pourrait nuire à sa démonstration, le philosophe accumule des arguments de provenances diverses. Pour Jean-Baptiste, il s'inspire de différentes sources juives[2]; pour la voix céleste, il puise à la fois dans plusieurs évangiles[3].

Il faut relever ensuite la principale originalité de l'attaque de Celse: la négation de l'historicité des miracles accompagnant le baptême du Christ. Le polémiste est en effet le premier auteur connu à juger imaginaires les épisodes de la colombe et de la voix divine. Toutefois son attitude ne procède pas d'un examen critique des textes évangéliques, mais d'un a priori rationaliste hostile au christianisme.

Le voudrait-on, il serait impossible de tirer de cet unique commentaire une conclusion générale sur l'exégèse païenne du baptême de Jésus avant 200. Il n'y a d'ailleurs pas lieu de le faire. Il est en effet improbable que Celse ait eu de nombreux prédécesseurs ou compétiteurs; il n'est certes pas le premier écrivain grec à combattre les chrétiens, comme le prouve l'acti-

---

[1] Il ne semble en défaut que sur deux points, l'ordre des péricopes évangéliques (cf. Contre Celse 1, 40) et le moment de la mort de Jean-Baptiste (cf. Contre Celse 1, 41.48 in fine); mais fait-il alors vraiment erreur?
[2] Cf. M. LODS, ibid., p. 10-13.
[3] Dans Lc 3, 22 ou dans Mc 1, 11, où la parole n'est adressée qu'à Jésus; dans Mt. 3, 17, où elle semble destinée à tout le monde, quoi qu'en dise Origène.

vité apologétique antérieure, mais il semble être l'un des promoteurs de l'utilisation profane des écrits bibliques contre la religion nouvelle. Son oeuvre est donc moins représentative des polémiques païennes du deuxième siècle qu'annonciatrice de celles des suivants.

APPENDICES

APPENDICE A: LE JOURDAIN

Il importe de souligner à propos de cette étude l'importance religieuse du Jourdain[1]. En raison de sa place dans l'histoire sainte d'Israël, et en particulier dans les cycles de Josué, d'Elie et d'Elisée, le fleuve se trouve chargé, à l'époque néotestamentaire, de signification sotériologique. Le ministère du Baptiste et le baptême de Jésus sont à la fois des conséquences et des causes de renforcement de cette sacralisation. Rien d'étonnant donc à ce que dans les écrits patristiques la symbolique du Jourdain soit tant utilisée pour l'exégèse baptismale[2]. Mais on doit aller plus loin. Le fleuve possède une dimension cosmique: il est l'affluent de l'Océan primordial qui entoure la Terre, ou tout au moins sa réplique sensible[3]. De telles spéculations sont impliquées par la portée universelle que prend l'immersion du Christ dans des oeuvres comme les Odes de Salomon et chez des auteurs comme Méliton, voire comme Ignace; Jésus pénètre alors aux enfers, que ce soit pour assurer son triomphe ou pour généraliser son épiphanie, et prolonge par son action le mythe originel. Le sens prêté par les anciens au mot Jourdain (κατάβασις d'après la racine hébraïque yrd) n'a pu que contribuer à associer le fleuve à l'idée d'une descente du Christ dans

---

[1] Cf. K. H. RENGSTORF, art. "Ποταμός, ποταμοφόρητος, Ἰορδάνης", dans TWNT, vol. 6, 1959, p. 595-623, voir p. 608-623.
[2] Voir P. LUNDBERG, La typologie baptismale dans l'ancienne Eglise, Leipzig et Upsal 1942 (ASNTU 10), p. 146-166 et J. DANIÉLOU, Sacramentum futuri, Etudes sur les origines de la typologie biblique, Paris 1950 (ETH), p. 233-245.
[3] Caractéristique à cet égard est la théorie du "Grand Jourdain" ("ὁ Μέγας Ἰορδάνης") des naassènes (HIPPOLYTE DE ROME, Elenchos 5, 7, 41; cf. 5, 8, 4).

le monde souterrain[1].

APPENDICE B: LE FEU

Le feu surnaturel qui selon certains auteurs serait apparu lors du baptême de Jésus doit être bien distingué d'un autre prodige, celui de la lumière, que des sources différentes situent au même moment; aucun texte patristique n'assimile les deux phénomènes, et il n'y a aucune raison de les confondre comme on le fait souvent. Avant 200, trois témoins seulement mentionnent le premier: la _Praedicatio Pauli_, les _Oracles sibyllins_ et Justin. Toute la question est de savoir si ce feu doit être entendu en bonne ou en mauvaise part, autrement dit s'il s'agit d'un signe du baptême d'Esprit ou d'un symbole des forces mauvaises. Les _Oracles sibyllins_ pourraient bien lever le doute; ils semblent en effet présenter le fait comme un danger auquel le Christ aurait "échappé". On est donc amené à penser, vu les attaches ou les relations judéo-chrétiennes des trois témoins, que ce feu est l'élément hostile, vaincu par l'eau et par le baptême de Jésus, qu'on trouve par exemple dans les _Kérugmata Pétrou_ et qui représente tout à la fois les sacrifices sanglants, la fabrication des idoles, le désir sexuel, le péché moral et le châtiment futur. Un point encore: Justin garantit sa narration en la mettant expressément sous le couvert des apôtres; il est donc possible que le trait soit ancien, et on peut supposer qu'il figurait dans un apocryphe judéo-chrétien comme l'_Evangile des nazaréens_, par ailleurs parallèle à la _Praedicatio Pauli_.

---

[1] L'étymologie est très répandue: cf. par exemple PHILON D'ALEXANDRIE, _Legum all_. 2, 89; ORIGÈNE, _Comm. sur Jean_ 6, 217-220 (à propos du baptême de Jésus); voir aussi les divers index de F. WUTZ, _Onomastica sacra_..., 2 vol., Leipzig 1914-1915 (TU 41, 1-2).

APPENDICE C: LA LUMIÈRE

La lumière miraculeuse accompagnant quelquefois l'événement du Jourdain n'a donc en principe pas de rapport avec le feu. Elle est attestée par certains manuscrits de Matthieu[1] et, aux deux premiers siècles, par l'Evangile des ébionites et peut-être par Tatien. Sa signification est simple et banale: c'est l'aura, la gloire qui enveloppe certaines scènes où se manifeste solennellement une présence divine[2]; il n'y a pas lieu de mettre le prodige en relation avec la notion d'illumination.

APPENDICE D: LA COLOMBE

Malgré d'innombrables tentatives, la mention de la colombe du baptême de Jésus reste inexpliquée[3]. On a tenté d'en minimiser l'importance en remarquant, probablement avec raison, que dans Marc c'est sans doute seulement la descente de l'Esprit qui est comparée au vol de l'oiseau[4]; mais cela ne supprime pas entièrement le problème: pourquoi l'évangéliste a-t-il choisi cette image plutôt qu'une autre? On est d'autant plus intrigué qu'il l'a vraisemblablement prise dans la tradition alors que son sens primitif était déjà perdu. Aucun rapprochement avec les

---

[1] Deux témoins de la vieille latine, le Codex Vercellensis (4e ou 5e siècle) et le Codex Sangermanensis (7e siècle); voici ce qu'ils ajoutent respectivement à Mt. 3, 15: "et cum baptizaretur, lumen ingens circumfulsit de aqua, ita ut timerent omnes qui advenerant"; "et cum baptizaretur Jesus, lumen magnum fulgebat de aqua, ita ut timerent omnes qui congregati erant".
[2] Cf. Lc 2, 9; Mt. 17, 2; Ac. 12, 7; 26, 13; etc.
[3] Pour un bilan récent des interprétations proposées, consulter l'article de L. E. KECK, "The Spirit and the dove", NTS 17 (1970-1971), p. 41-67, voir p. 42-57.
[4] Cf. par exemple L. E. KECK, ibid., p. 57-67.

données du judaïsme[1] ou d'autres religions[2] n'est probant. Il faut donc se résoudre à <u>supposer</u> une erreur, antérieure à <u>Marc</u> bien entendu. La meilleure correction est celle qui restitue la prophétie d'<u>Es</u>. 11, 2[3] : c'est dans le texte hébreu que la colombe (ywnh) serait apparue à la suite d'une lecture fautive du mot "reposera" ("wnḥh" ou "ynwḥ"). Cette hypothèse a l'avantage d'expliquer pourquoi des oeuvres comme l'<u>Evangile des hébreux</u> et aussi peut-être comme <u>Jean</u> omettent la colombe précisément en citant la forme normale de l'oracle.

Dans l'histoire de l'exégèse, la colombe a été surtout interprétée par les gnostiques, notamment par Cérinthe, les basilidiens[4], les valentiniens, Théodote le Gnostique et Marc le Mage, qui y ont vu le Sauveur et retrouvé le thème philosophique de l'âme ailée[5].

---

[1] Cf. A. FEUILLET, "Le symbolisme de la colombe dans les récits évangéliques du baptême", <u>RechSR</u> 46 (1958), p. 524-544 et H. GREEVEN, art. "Περιστερά, τρυγών", dans <u>TWNT</u>, vol. 6, 1959, p. 63-72.

[2] Cf. H. GRESSMANN, "Die Sage von der Taufe Jesu und die vorderorientalische Taubengöttin", <u>ARW</u> 20 (1920-1921), p. 1-40 et 323-359 et F. SUEHLING, <u>Die Taube als religiöses Symbol im christlichen Altertum</u>, Freiburg im Breisgau 1930 (SHRQ 24).

[3] Voir M.-A. CHEVALLIER, <u>L'Esprit et le Messie dans le bas-judaïsme et le Nouveau Testament</u>, Paris 1958 (EHPR 49), p. 59-62.

[4] Sur l'appellation de "διάκονος" que lui donnent ces sectaires, voir TATIEN LE SYRIEN, <u>Disc. aux Grecs</u> 13 <i>in fine</i> et, peut-être, <u>Jn</u> 12, 26; <u>Hé</u>. 1, 14.

[5] Cf. A. ORBE, "Variaciones gnósticas sobre las alas del alma (a propósito de Plot. 2, 9, 3, 18 - 2, 9, 4, 12)", <u>Greg</u> 35 (1954), p. 18-55.

APPENDICE E: LA VOIX

Le problème essentiel est celui de la teneur de la parole divine. Il est double: tout d'abord, Luc a-t-il une formulation différente de celle des autres synoptiques, autrement dit la leçon "Tu es mon Fils, je t'ai engendré aujourd'hui" (Ps. 2, 7) est-elle originale? d'autre part, quelle est la prophétie, ou quelles sont les prophéties constituant la matière du texte reçu "Tu es mon Fils bien-aimé, en toi je me suis complu" (selon Marc, et éventuellement Luc, Matthieu mettant l'énoncé à la troisième personne)? La première question appelle sans doute une réponse affirmative. On doit en effet plutôt préférer la variante propre à Luc, dont la suppression s'explique facilement par la lutte contre l'adoptianisme, et dont la création irait à l'encontre du souci d'harmonisation. La leçon est appuyée par un nombre restreint, mais suffisant de témoins, des manuscrits "occidentaux" et des auteurs patristiques[1]. Ce choix est important: il implique que l'oracle de Ps. 2, 7 n'a pas été appliqué seulement à la résurrection, comme il l'est dans le texte d'Ac. 13, 33[2].

Quant à la seconde question, on y répond généralement en supposant une combinaison de Ps. 2, 7 ("Tu es mon Fils...") et d'Es. 42, 1 ("...mon Serviteur...mon élu qu'a préféré mon âme"

---

[1] En particulier D, la vieille latine, l'Evangile des ébionites, Justin et Clément d'Alexandrie. En faveur de la variante, consulter par exemple A. GEORGE, "Jésus Fils de Dieu dans l'Evangile selon saint Luc", RevBib 72 (1965), p. 185-209, voir p. 186-188 et, contre elle, M. CZAJKOWSKI, "De lectione "occidentali" in Lc. 3, 22", RTK 12 (1965), fasc. 1, p. 35-44.

[2] Sur l'histoire de l'exégèse de Ps. 2, 7, voir J. DUPONT, ""Filius meus es tu", L'interprétation de Ps. 2, 7 dans le Nouveau Testament", RechSR 35 (1948), p. 522-543 et surtout F. LENTZEN-DEIS, "Ps. 2, 7, ein Motiv früher "hellenistischer" Christologie?, Der Psalmvers in der Lectio varians von Lk. 3, 22 im Ebionäerevangelium und bei Justinus Martyr", ThPh 44 (1969), p. 342-362. Les deux critiques se prononcent toutefois contre la variante de Luc.

ou, selon une autre version, "en qui s'est complue mon âme")[1] ;
on justifie alors la substitution d'ἀγαπητός à ἐκλεκτός par Mt.
12, 18 qui cite Es. 42, 1 sous la même forme. Cependant, en raison notamment de la fréquente équivalence entre les termes παῖς
et υἱός, il est possible de faire pour ainsi dire l'économie de
Ps. 2, 7, et de ne retenir qu'Es. 42, 1. L'incertitude où l'on
reste pour déterminer la part exacte de chacune de ces deux prophéties dans la déclaration céleste permet de se demander si le
contenu de celle-ci n'a pas subi l'influence d'un troisième texte, celui de Gn. 22, 2.12.16, qui donne l'expression ὁ υἱὸς ὁ
ἀγαπητός[2] ; la conjecture ne manque pas de vraisemblance, et elle
peut s'intégrer dans un parallélisme entre la scène de l'"aqédah" et celle du Jourdain et même entre Isaac et Jésus[3]. Selon
les cas, il est intéressant de le noter, on a une christologie
du Messie souffrant plus ou moins marquée.

APPENDICE F: L'ÂGE DE JÉSUS

Luc est le seul à donner une indication. Le Christ aurait
eu "à ses débuts environ trente ans" ("ἀρχόμενος ὡσεὶ ἐτῶν τριά-

---

[1] Cf. par exemple A. FEUILLET, "Le baptême de Jésus", RevBib 71
(1964), p. 321-352, voir p. 324-332 et I. H. MARSHALL, "Son of
God or Servant of Yahweh?, A reconsideration of Mark 1, 11", NTS
15 (1968-1969), p. 326-336.
[2] Cf. A. GABOURY, "Deux fils uniques: Isaac et Jésus, Connexions
vétéro-testamentaires de Mc 1, 11 (et parallèles)", dans StEvang, vol. 4, 1968 (TU 102), p. 198-204.
[3] Voir J. E. WOOD, "Isaac typology in the New Testament", NTS 14
(1967-1968), p. 583-589. - D'autres passages bibliques sont encore invoqués, mais avec moins de probabilité, par exemple Ex.
4, 22-23 pour les mots υἱὸς πρωτότοκος (cf. P. G. BRETSCHER,
"Exodus 4, 22-23 and the voice from heaven", JBL 87 (1968), p.
301-311).

κοντα"). Toute la tradition a compris que cet âge était celui qu'il avait au moment de son baptême[1]. Le nombre étant rond, on le considère d'ordinaire comme symbolique. Il peut cependant traduire un souvenir historique, car sinon pourquoi l'évangéliste aurait-il précisé que la donnée n'est qu'approximative? Il est d'ailleurs probable qu'ici comme souvent la réalité rejoint le signifié: Jésus aurait lui-même volontairement choisi cet âge pour commencer son ministère parce que c'était celui d'une espèce de majorité religieuse. Tel semble en effet le sens de la trentaine[2]. Quoi qu'il en soit, la notation de Luc sur l'âge du Christ a été très citée et très commentée par les premiers écrivains patristiques, non pas toutefois en liaison directe avec son baptême, mais comme base de calcul pour fixer la durée de sa vie ou de sa mission et comme élément de spéculations mystiques sur les nombres[3].

---

[1] Le mot "ἀρχόμενος" fait quelque peu difficulté, et peut-être est-il déplacé: voir la note de G. M. LEE, "Luke 3, 23", ExpT 79 (1967-1968), p. 310, qui propose de le rapporter à ce qui suit et de lire "il était le fils, à ce qu'on pensait au début, de Joseph..."; cette correction rattacherait plus étroitement le détail chronologique à la scène du Jourdain.

[2] David a trente ans quand il reçoit l'onction qui marque son avènement comme roi d'Israël (2 S. 5, 3-4); selon certaines traditions, c'est au même âge que les lévites entrent en fonctions (Nb. 4, 2-3; cf. 1 Ch. 23, 3); à Qoumrân, il faut également trente ans pour accéder aux plus hautes responsabilités (1 QSa 1, 13-18).

[3] Voir par exemple IRÉNÉE DE LYON, Adv. haer. 2, 22, 3-6.

CONCLUSION

Il subsiste donc pour les deux premiers siècles presque une centaine de références notables au baptême de Jésus, provenant de trente-trois origines différentes, vingt-cinq auteurs déterminés ou oeuvres anonymes et huit milieux sectaires considérés globalement. La moitié seulement des textes, soit une petite cinquantaine, sont transmis de façon indépendante ou cités dans des conditions satisfaisantes, les autres n'étant le plus souvent que des témoignages d'hérésiologues au style indirect. Il me semble cependant que ce bilan statistique est relativement bon et qu'assez peu de dossiers d'histoire de l'exégèse peuvent disposer pour cette courte période d'autant de sources distinctes. Le nombre et la diversité de celles-ci sont des indices que l'événement du Jourdain a été largement discuté dans tous les grands courants doctrinaux, en raison sans doute des problèmes qu'il posait.

Mais les documents conservés sont aussi, à mon avis, qualitativement représentatifs. Le catalogue actuel des commentateurs doit être en effet assez proche de ce qu'il a pu être à l'origine: je ne vois pas d'autres écrivains ou mouvements de pensée antérieurs à 200 qui soient susceptibles d'avoir beaucoup interprété le baptême de Jésus et dont l'absence fasse par conséquent réellement défaut. Paul ne s'intéresse pas aux épisodes historiques de la vie du Christ, exception faite de sa mort sur la croix. Les Pères apostoliques ont en général des préoccupations pastorales qui laissent peu de place à l'exégèse des évangiles; c'est vraiment par hasard qu'Ignace a fait mention de l'événement. Marcion, on le sait, exclut de son canon les récits de l'enfance, du baptême et de la tentation. Les apologistes tirent rarement argument des actions humaines du Jésus historique et ils n'ont probablement jamais utilisé son baptême, certainement plus embarrassant que démonstratif; si Justin l'a commenté, c'est bien en tant qu'exégète dans un écrit herméneutique. Les païens n'ont pas encore combattu à cette époque le christianisme sur le terrain biblique; Celse constitue à cet égard un cas particulier. Il est par contre possible qu'il ait existé quelques développements aujourd'hui perdus sur la scène du Jourdain dans les apocryphes du protocatholicisme. A vrai dire, s'il manque une interprétation à cette histoire de l'exégèse, c'est surtout celle de Jésus lui-même, à supposer bien sûr que son baptême soit historique; car alors le Christ n'a certainement pas manqué de lui donner un sens et rien, selon moi, de ce qu'il a pu en dire n'est connu.

De façon générale, l'importance de son baptême dans les systèmes théologiques anciens n'est pas primordiale, même pour les milieux hétérodoxes. Cela est bien évident, je crois, pour la Grande Eglise, des évangélistes aux premiers Pères: aucun d'eux ne fait de l'événement le pivot de sa sotériologie. Il y a même chez certains, comme Ignace, une tendance très nette à le dévaloriser. On ne peut pas dire que les gnostiques en aient jugé très différemment; certes le baptême est pour eux le moment de l'union du Sauveur divin avec l'homme prédestiné, mais la dichotomie entre les deux est telle que ni l'un ni l'autre n'en voit sa nature modifiée: la scène n'est que l'une des phases de la restauration universelle, et elle n'est pas déterminante pour la christologie. La preuve en est que les sectaires ont souvent professé simultanément la conception virginale; quelques-uns semblent d'ailleurs avoir donné à l'événement du Jourdain la fonction d'une simple purification. Il n'y a que certains judéo-chrétiens pour le considérer comme la pièce maîtresse de l'histoire du salut: c'est alors que Jésus aurait été fait Christ. Mais à l'intérieur du judéo-christianisme beaucoup ont rejeté cette doctrine et ont adopté celle de la Grande Eglise, et d'autres ont même renoncé à affirmer l'impeccabilité de Jésus et laissé entendre que son baptême n'était que le rite de repentance commun. Il faut ajouter que pour tous les commentateurs l'appréciation de l'acte du Christ peut varier de façon importante indépendamment de leurs opinions personnelles en fonction des adversaires auxquels ils s'opposent: qu'on pense par exemple à Méliton et à Irénée.

Les interprétations proprement dites sont, on l'a vu au cours de cette étude, multiples et variées. Je n'en rappellerai que deux, celles qui me semblent les plus anciennes et les plus constantes. La première voit dans le baptême de Jésus le moment de la descente de l'Esprit en accomplissement de la prophétie d'Es. 11, 2. Ce sens n'a laissé au plus que des vestiges dans les écrits canoniques, mais il apparaît souvent ailleurs, particulièrement dans l'Evangile des hébreux. La seconde fait de l'événement du Jourdain le commencement de la vie messianique de Jésus. Cette idée est en elle-même assez mince, mais elle connaît des systématisations considérables, notamment chez Méliton. La combinaison des deux explications produit une théorie très élaborée sur l'historique des effusions de l'Esprit dans l'ancienne et la nouvelle alliances, que Justin expose de manière pour ainsi dire classique: le baptême du Christ est théologiquement le point de convergence, le centre exact des phénomènes pneumatologiques de tous les temps passés et à venir.

LISTE DES COMMENTATEURS
ET DES TEXTES RETENUS

Actes: cf. Luc.
Aloges: in EPIPHANE DE SALAMINE, Pan. 51, 17, 10 à 51, 18, 1.
ANASTASE LE SINAÏTE: cf. MÉLITON DE SARDES.

Basilidiens: in CLÉMENT D'ALEXANDRIE, Extr. de Théod. 16; in
   ID., Strom. 1, 146, 1-2; 2, 36, 1; 2, 38, 1-2.

Carpocratiens: in IRÉNÉE DE LYON, Adv. haer. 1, 25, 1.
CELSE: Disc. vér., in ORIGÈNE, Contre Celse 1, 40.41; 2, 4.72.
CÉRINTHE: in IRÉNÉE DE LYON, Adv. haer. 1, 26, 1; 3, 11, 1.
CLÉMENT D'ALEXANDRIE: cf. basilidiens; THÉODOTE LE GNOSTIQUE;
   valentiniens.
CLÉMENT DE ROME PSEUDO-, Reconnaissances: cf. Kérugmata Pétrou.
Codex Ambrosianus I, 9 sup.: cf. MÉLITON DE SARDES.
Codex Vaticanus 2022: cf. MÉLITON DE SARDES.
COLORBASUS: in PSEUDO-TERTULLIEN, Adv. omnes haer. 5, 1-2.
CYPRIEN DE CARTHAGE PSEUDO-, De rebaptismate: cf. Praedicatio
   Pauli.

Ebionites: in EPIPHANE DE SALAMINE, Pan. 30, 16, 2-4; in JUSTIN
   LE MARTYR, Dial. 49, 1.
EPHREM DE NISIBE: cf. TATIEN LE SYRIEN.
EPIPHANE DE SALAMINE: cf. aloges; ébionites; Evangile des ébionites.
Evangile des ébionites: in EPIPHANE DE SALAMINE, Pan. 30, 13, 2.
   7-8.
Evangile des hébreux: in JÉRÔME, Comm. sur Es. 4, ad Es. 11, 1-3.
Evangile des nazaréens: in JÉRÔME, Dial. contra pel. 3, 2.

HÉRACLÉON: in HIPPOLYTE DE ROME, Elenchos 6, 35, 6-7; Sur Jean,
   in ORIGÈNE, Comm. sur Jean 6, 306-307.
HIPPOLYTE DE ROME: cf. HÉRACLÉON; PTOLÉMÉE LE GNOSTIQUE; sé-

thiens; THÉODOTE DE BYZANCE; **valentiniens**.

IGNACE D'ANTIOCHE: Aux Eph. 17, 2 à 19, 1; Aux Smyrn. 1.
IRÉNÉE DE LYON: Adv. haer. 3, 9, 3; 3, 10, 3; 3, 11, 4; 3, 12, 7; 3, 14, 3; 3, 17, 1.3; 3, 18, 3; Dém. 9; 40-41; 53; cf. carpocratiens; CÉRINTHE; MARC LE MAGE; nicolaïtes; ophites; valentiniens.

Jean: 1, 29-34.
JÉRÔME: cf. Evangile des hébreux; Evangile des nazaréens.
JUSTIN LE MARTYR: Dial. 51, 2; 88, 2-4.6.8; 103, 6; cf. ébionites.

Kérugmata Pétrou: in PSEUDO-CLÉMENT DE ROME, Rec. 1, 48, 3-6.

Luc et les Actes: Lc 3, 21-23; 4, 16-21; 12, 49-50; Ac. 1, 21-22; 4, 24-28; 10, 34.37-38.

Marc: 1, 9-11; 10, 35-40.
MARC LE MAGE: in IRÉNÉE DE LYON, Adv. haer. 1, 14, 6; 1, 15, 1.3; 1, 21, 2; in PSEUDO-TERTULLIEN, Adv. omnes haer. 5, 1-2.
Matthieu: 3, 13-17.
MÉLITON DE SARDES: Sur le bain 2-4, in Cod. Ambros. I, 9 sup. et Cod. Vatic. 2022, f°s 238-240; Sur l'incarn. 3, in ANASTASE LE SINAÏTE, Le Guide 13.

Nicolaïtes: in IRÉNÉE DE LYON, Adv. haer. 3, 11, 1.

Odes de Salomon: 24.
Ophites: in IRÉNÉE DE LYON, Adv. haer. 1, 30, 11-14.
Oracles sibyllins: 6, 1-8; 7, 64.66-70.76-84.
ORIGÈNE: cf. CELSE; HÉRACLÉON.

Praedicatio Pauli: in PSEUDO-CYPRIEN DE CARTHAGE, De rebapt. 17.
PTOLÉMÉE LE GNOSTIQUE: in HIPPOLYTE DE ROME, Elenchos 6, 35, 6-7.

Séthiens: in HIPPOLYTE DE ROME, Elenchos 5, 19, 21.

TATIEN LE SYRIEN: Diat., in EPHREM DE NISIBE, Comm. du Diat. 3,

17; 4, 1.2.3.4; 9, 1.4.11; 11, 20; 13, 11; 14, 5; 16, 19;
18, 3; 20, 3.15.
TERTULLIEN PSEUDO-, Adversus omnes haereses: cf. COLORBASUS;
   MARC LE MAGE.
Testaments des douze patriarches: Test. de Lévi 18, 6-7; Test.
   d'Asher 7, 3.
THÉODOTE DE BYZANCE: in HIPPOLYTE DE ROME, Elenchos 7, 35; 10,
   23.
THÉODOTE LE GNOSTIQUE: in CLÉMENT D'ALEXANDRIE, Extr. de Théod.
   22, 6-7; 36; 76, 1.

Valentiniens: in CLÉMENT D'ALEXANDRIE, Extr. de Théod. 16; 61,
   6; in HIPPOLYTE DE ROME, Elenchos 6, 35, 6-7; in IRÉNÉE DE
   LYON, Adv. haer. 1, 7, 2; 3, 9, 3; 3, 10, 4; 3, 11, 3; 3,
   16, 1; 3, 17, 1.

LISTE DES COMMENTATEURS
ET DES TEXTES ÉCARTÉS[1]

Basilidiens: in HIPPOLYTE DE ROME, Elenchos 7, 26, 8-9.

Carpocratiens: in EPIPHANE DE SALAMINE, Pan. 27, 2, 1-6; in HIPPOLYTE DE ROME, Elenchos 7, 32, 1-2.
CÉRINTHE: in EPIPHANE DE SALAMINE, Pan. 28, 1, 4-7; in HIPPOLYTE DE ROME, Elenchos 7, 33; 10, 21.
CLÉMENT D'ALEXANDRIE: Extr. de Théod. 5, 2.
CLÉMENT DE ROME PSEUDO-, Homélies: cf. Kérugmata Pétrou.
CLÉMENT DE ROME PSEUDO-, Reconnaissances: cf. Kérugmata Pétrou.

"Docètes": in HIPPOLYTE DE ROME, Elenchos 8, 10, 7-8.

EPIPHANE DE SALAMINE: cf. carpocratiens; CÉRINTHE; MARC LE MAGE; valentiniens.
Evangile de Nicodème: 20, 2-3 [latin B].

Hébreux: 1, 9.
HERMAS: Le Past. 59, 5-7.
HIPPOLYTE DE ROME: cf. basilidiens; carpocratiens; CÉRINTHE; "docètes"; JUSTIN LE GNOSTIQUE; MARC LE MAGE.
HIPPOLYTE DE ROME PSEUDO-, Homélie sur la Pâque: 9, 6; 18.

IGNACE D'ANTIOCHE: Aux Eph. 17, 1; Aux Magn. 9.

---

[1] Il s'agit de passages qu'on a parfois proposé d'intégrer au dossier des attestations du baptême de Jésus antérieures à 200, et que j'ai signalés comme tels, mais que j'ai rejetés, soit que je leur attribue une date plus basse, soit que je leur dénie un réel rapport avec la scène du Jourdain, soit que je leur trouve un caractère trop allusif, soit enfin que je leur préfère un morceau quasiment parallèle.

IRÉNÉE DE LYON : <u>Adv. haer</u>. 2, 22, 3-6 ; 3, 6, 1 ; 3, 12, 5 ; <u>Dém</u>. 47.
IRÉNÉE DE LYON PSEUDO-, fragments, éd. Harvey : 31 (1re série).

JUSTIN LE GNOSTIQUE : <u>in</u> HIPPOLYTE DE ROME, <u>Elenchos</u> 5, 27, 3.
JUSTIN LE MARTYR : <u>Dial</u>. 86, 6.

<u>Kérugmata Pétrou</u> : <u>in</u> PSEUDO-CLÉMENT DE ROME, <u>Hom</u>. 3, 20, 2 ; <u>in</u> ID., <u>Rec</u>. 2, 22, 4.

MARC LE MAGE : <u>in</u> EPIPHANE DE SALAMINE, <u>Pan</u>. 34, 7, 2 ; 34, 8, 8 ; 34, 10, 4-7 ; 34, 19, 4-5 ; <u>in</u> HIPPOLYTE DE ROME, <u>Elenchos</u> 6, 47, 1-2 ; 6, 49, 5 ; 6, 51, 2-5.

<u>Papyrus Egerton 3</u> : l. 67-71.
<u>Paraphrase de Sem</u> : p. 32, l. 5-17.
<u>Pierre 2</u> : 1, 17.

<u>Sur l'épiphanie du Seigneur</u>, Extrait des Constitutions apostoliques : passim.

<u>Témoignage de vérité</u> : passim.
TERTULLIEN : cf. valentiniens.
<u>Testaments des douze patriarches</u> : <u>Test. de Juda</u> 24, 1-2.

Valentiniens : <u>in</u> EPIPHANE DE SALAMINE, <u>Pan</u>. 31, 22, 1-2 ; <u>in</u> TERTULLIEN, <u>Adv. val</u>. 27, 1-2.

BIBLIOGRAPHIE[1]

EDITIONS DE TEXTES

ALAND K., *Synopsis quattuor evangeliorum, locis parallelis evangeliorum apocryphorum et Patrum adhibitis*, 6e éd., Stuttgart 1969.
ALAND K., BLACK M., METZGER B. M. et WIKGREN A., *The Greek New Testament*, Stuttgart 1966.
ARCHAMBAULT G., *Justin, Dialogue avec Tryphon, Texte grec, traduction française, introduction, notes et index*, 2 vol., Paris 1909 (TD 8 et 11).

BLANC Cécile, *Origène, Commentaire sur saint Jean, t. 2 (livres 6 et 10), Texte grec, avant-propos, traduction et notes*, Paris 1970 (SC 157).
BORRET M., *Origène, Contre Celse, t. 1 (livres 1-2), Introduction, texte critique, traduction et notes*, Paris 1967 (SC 132).

CAMELOT P. Th., *Ignace d'Antioche et Polycarpe de Smyrne, Lettres et Martyre de Polycarpe, Texte grec, introduction, traduction et notes*, 3e éd., Paris 1958 (SC 10).
CHARLES R. H., *The Greek versions of the Testaments of the twelve patriarchs edited from nine manuscripts together with the variants of the Armenian and Slavonic versions and some Hebrew fragments*, Oxford 1908.
Corpus christianorum, series latina, environ 75 vol., Turnhout (Belgique) 1954-1972.

FROIDEVAUX L. M., *Irénée de Lyon, Démonstration de la prédication apostolique, Nouvelle traduction de l'arménien avec

---

[1] Le signe ° indique les travaux que je n'ai pas pu consulter.

introduction et notes, Paris 1959 (SC 62).

GEFFCKEN J., Die Oracula sibyllina, Leipzig 1902 (GCS 8).

HARRIS R. et MINGANA A., The Odes and Psalms of Solomon, vol. 1, The text with facsimile reproductions et vol. 2, The translation with introduction and notes, 2e éd., Manchester 1916 et 1920.

HARTEL G., S. Thasci Caecili Cypriani opera omnia, Pars III, Opera spuria, indices, praefatio, Vienne 1871 (CSEL 3, 3).

HARVEY W. W., Sancti Irenaei episcopi lugdunensis libri quinque adversus haereses..., 2 vol., Cambridge 1857.

HOLL K., Epiphanius, Ancoratus und Panarion, 1. Band (Ancoratus und Panarion 1-33), Leipzig 1915 (GCS 25) et 2. Band (Panarion 34-64), Leipzig 1922 (GCS 31).

JUELICHER A., Itala, Das Neue Testament in altlateinischer Überlieferung, 1, Matthäus-Evangelium, Berlin 1938, 2, Marcus-Evangelium, 2e éd., Berlin 1970, 3, Lucas-Evangelium, Berlin 1954 et 4, Johannes-Evangelium, Berlin 1963.

LELOIR L., Ephrem de Nisibe, Commentaire de l'Evangile concordant ou Diatessaron traduit du syriaque et de l'arménien, Introduction, traduction et notes, Paris 1966 (SC 121).

LELOIR L., Saint Ephrem, Commentaire de l'Evangile concordant, Texte syriaque (manuscrit Chester Beatty 709), Dublin 1963 (CBM 8).

LELOIR L., Saint Ephrem, Commentaire de l'Evangile concordant, Version arménienne, 2 t., Louvain 1953-1954 (CSCO 137 et 145 et CSCOSArm 1 et 2).

MERCATI J. M., "Symbolae melitonianae", ThQ 76 (1894), p. 597-600.

MIGNE J.-P., Patrologiae cursus completus, series graeca, 161 vol., Paris 1857-1866.

MIGNE J.-P., Patrologiae cursus completus, series latina, 221 vol., Paris 1844-1855.

NESTLE Eb., NESTLE Erw. et ALAND K., Novum Testamentum graece, 25e éd., Stuttgart 1963.

Patrologia orientalis, 36 vol., Paris puis Turnhout (Belgique) 1903-1971.

PERLER O., Méliton de Sardes, Sur la Pâque et fragments, Introduction, texte critique, traduction et notes, Paris 1966 (SC 123).

PITRA J.-B., Analecta sacra spicilegio solesmensi parata, 5 t., Paris 1876-1884.

RAHLFS A., Septuaginta, 2 vol., 8e éd., Stuttgart 1935.

REHM B., Die Pseudoklementinen, 2. Band, Rekognitionen in Rufins Übersetzung, Berlin 1965 (GCS 51).

SAGNARD F., Clément d'Alexandrie, Extraits de Théodote, Texte grec, introduction, traduction et notes, Paris 1948 (SC 23).

SAGNARD F., Irénée de Lyon, Contre les hérésies, livre 3, Texte latin, fragments grecs, introduction, traduction et notes, Paris 1952 (SC 34).

STAEHLIN O., Clemens Alexandrinus, 2. Band, Stromata 1-6, Leipzig 1906 (GCS 15).

WENDLAND P., Hippolytus Werke, 3. Band, Refutatio omnium haeresium, Leipzig 1916 (GCS 26).

HISTOIRE DE L'EXÉGÈSE

BARRETT C. K., "The Lamb of God", NTS 1 (1954-1955), p. 210-218.
- Jean.

BAUER W., Das Leben Jesu im Zeitalter der neutestamentlichen Apokryphen, Tübingen 1909, p. 110-141, 304-306 et 462-463.
- Tous les commentateurs des deux premiers siècles.

BEASLEY-MURRAY G. R., Baptism in the New Testament, Londres 1962, p. 45-67 et 72-77.

BENOÎT A., Le baptême chrétien au second siècle, La théologie des Pères, Paris 1953 (EHPR 43), p. 59-69 et 178-181.
- Ignace d'Antioche; Justin le Martyr et Méliton de Sardes.

BEST E., "The commentators and the gospels", ExpT 79 (1967-1968), p. 260-264. - Marc.
BONNARD P., L'Evangile selon saint Matthieu, Neuchâtel 1963 (CNT 1).
BONNETAIN P., "Le baptême de Notre-Seigneur", RevApol 48 (1929), p. 27-35 et 50 (1930), p. 51-63. - Les évangélistes.
BORNEMANN J., Die Taufe Christi durch Johannes in der dogmatischen Beurteilung der christlichen Theologen der vier ersten Jahrhunderte, Leipzig 1896, surtout p. 5-49. - Tous les commentateurs des deux premiers siècles.
BRAUMANN G., "Leidenskelch und Todestaufe (Mc 10, 38 f.)", ZNTW 56 (1965), p. 178-183.
BRAUN H., "Entscheidende Motive in den Berichten über die Taufe Jesu von Markus bis Justin", ZTK 50 (1953), p. 39-43.
BRETSCHER P. G., "Exodus 4, 22-23 and the voice from heaven", JBL 87 (1968), p. 301-311.
BROWN R. E., The Gospel according to John (1-12), Introduction, translation and notes, New York 1966 (AnchBib 29).
°BUCHANAN F., The baptism and temptation of Christ, Myth and fact in Holy Scripture, Londres 1949.
BULTMANN R., Das Evangelium des Johannes, 18e éd., et Ergänzungsheft, nouv. éd., Göttingen 1964 (KEKNT 2).
BUSE I., "The Markan account of the baptism of Jesus and Isaiah 63", JTS2 7 (1956), p. 74-75.

CHEVALLIER M.-A., L'Esprit et le Messie dans le bas-judaïsme et le Nouveau Testament, Paris 1958 (EHPR 49), p. 57-67.
CONZELMANN H., Die Apostelgeschichte, Tübingen 1963 (HNT 7).
CRANFIELD C. E. B., "The baptism of our Lord, A study of St Mark 1, 9-11", SJT 8 (1955), p. 53-63.
CULLMANN O., Christologie du Nouveau Testament, Neuchâtel 1958 (BThéologique), p. 60-62. - Jésus.
CULLMANN O., La foi et le culte de l'Eglise primitive, Neuchâtel 1963 (BThéologique), p. 153-158 ("Jean-Baptiste et le baptême de Jésus (Jean 1, 6-8.15.19-34)").
CZAJKOWSKI M., "De lectione "occidentali" in Lc. 3, 22", RTK 12 (1965), fasc. 1, p. 35-44.

DANIÉLOU J., Histoire des doctrines chrétiennes avant Nicée, t. 1, Théologie du judéo-christianisme, Tournai 1958 (BThéologie), p. 247-255 et passim. - Les "judéo-chrétiens" au sens très large particulier à l'auteur.

DEKKER W., "De "geliefde Zoon" in de synoptische evangeliën [Le "Fils bien-aimé" dans les évangiles synoptiques]", NedTheolTijd 16 (1961-1962), p. 94-106.

DELLING G., "Βάπτισμα βαπτισθῆναι", NovTest 2 (1958), p. 92-115. - Marc et Luc.

DIBELIUS M., Die Formgeschichte des Evangeliums, 3e éd., Tübingen 1959, p. 270-274.

DOELGER F. J., ἸΧΘΥΣ, 1. Band, Das Fisch-Symbol in frühchristlicher Zeit..., 2e éd., Münster in Westfalen 1928, p. 42-51.

DUTHEIL J., Le baptême de Jésus au Jourdain dans les évangiles synoptiques, 2 vol., s. l. [Strasbourg] 1961 [Travail dactylographié en dépôt à la bibliothèque de la Faculté de théologie catholique de Strasbourg].

EISSFELDT O., "Πληρῶσαι πᾶσαν δικαιοσύνην in Matthäus 3, 15", ZNTW 61 (1970), p. 209-215.

°FABBRI E. E., "Agua y Espíritu", Investigación histórica sobre el Cristo vivificante y el bautismo del Señor en los primeros Padres prenicenos, Buenos Aires 1956.

°FABBRI E. E., "El bautismo de Jesús en el Evangelio de los Hebreos y en el de los Ebionitas", RevTeol 6 (1956), fasc. 22, p. 36-56.

FABBRI E. E., "El bautismo de Jesús y el reposo del Espíritu en la teología de Ireneo", CiFe 12 (1956), fasc. 48, p. 39-63.

FABBRI E. E., "El bautismo de Jesús y la unción del Espíritu en la teología de Ireneo", CiFe 12 (1956), fasc. 45, p. 7-42.

FABBRI E. E., "El enigma de la 24a oda de Salomón", CiFe 16 (1960), p. 383-398.

FEUILLET A., "La coupe et le baptême de la Passion (Mc 10, 35-40; cf. Mt. 20, 20-23; Lc 12, 50)", RevBib 74 (1967), p. 356-391.

FEUILLET A., "La personnalité de Jésus entrevue à partir de sa soumission au rite de repentance du Précurseur", RevBib 77 (1970), p. 30-49. - Jésus.

FEUILLET A., "Le baptême de Jésus", RevBib 71 (1964), p. 321-352. - Les évangélistes.

FEUILLET A., "Le baptême de Jésus d'après l'Evangile selon saint Marc (1, 9-11)", CBQ 21 (1959), p. 468-490.
FEUILLET A., "Le symbolisme de la colombe dans les récits évangéliques du baptême", RechSR 46 (1958), p. 524-544.
FLEMINGTON W. F., The New Testament doctrine of baptism, Londres 1948, p. 25-33.
FRIDRICHSEN A., ""Accomplir toute justice", La rencontre de Jésus et du Baptiste (Mt. 3, 15)", dans Jubilé A. Loisy, Congrès d'histoire du christianisme, vol. 1, Paris et Amsterdam 1928 (AHC), p. 167-177.

GABOURY A., "Deux fils uniques: Isaac et Jésus, Connexions vétéro-testamentaires de Mc 1, 11 (et parallèles)", dans StEvang, vol. 4, 1968 (TU 102), p. 198-204.
GEORGE A., "Jésus Fils de Dieu dans l'Evangile selon saint Luc", RevBib 72 (1965), p. 185-209, voir p. 186-188.
GOGUEL M., Au seuil de l'Evangile, Jean-Baptiste, Paris 1928 (BH), p. 137-231. - Les évangélistes et quelques judéo-chrétiens.
GREEVEN H., art. "Περιστερά, τρυγών", dans TWNT, vol. 6, 1959, p. 63-72.
GRESSMANN H., "Die Sage von der Taufe Jesu und die vorderorientalische Taubengöttin", ARW 20 (1920-1921), p. 1-40 et 323-359.
GRUNDMANN W., Das Evangelium nach Lukas, 2e éd., Berlin 1963 (THKNT 3).
GRYGLEWICZ F., "Das Lamm Gottes", NTS 13 (1966-1967), p. 133-146. - Jean.

HAENCHEN E., Der Weg Jesu, Eine Erklärung des Markus-Evangeliums und der kanonischen Parallelen, 2e éd., Berlin 1968.
HAENCHEN E., Die Apostelgeschichte, 14e éd., Göttingen 1965 (KEKNT 3).
°HIRSCH Selma, Taufe, Versuchung und Verklärung Jesu, Berlin 1933.

JEREMIAS J., Abba, Studien zur neutestamentlichen Theologie und Zeitgeschichte, Göttingen 1966, p. 191-216 ("Παῖς (θεοῦ) im Neuen Testament").
JEREMIAS J., Neutestamentliche Theologie, 1. Teil, Die Verkündi-

gung Jesu, Gütersloh 1971, p. 58-61 ("Die Taufe Jesu").

KECK L. E., "The Spirit and the dove", NTS 17 (1970-1971), p. 41-67.

KOSNETTER J., Die Taufe Jesu, Exegetische und religionsgeschichtliche Studien, Vienne 1936 (TSÖLG 35). - Les évangélistes.

LAGRANGE M.-J., Evangile selon saint Luc, 5e éd., Paris 1941 (EB).

LAGRANGE M.-J., Evangile selon saint Matthieu, 6e éd., Paris 1941 (EB).

LAMPE G. W. H., The seal of the Spirit, A study in the doctrine of baptism and confirmation in the New Testament and the Fathers, 2e éd., Londres 1967, p. 33-45. - Les évangélistes.

LA POTTERIE I. DE, "Ecco l'Agnello di Dio", BibbOr 1 (1959), p. 161-169. - Jean.

LA POTTERIE I. DE, "L'onction du Christ, Etude de théologie biblique", NRT 80 (1958), p. 225-252. - Les évangélistes.

LECLERCQ H., art. "Baptême de Jésus", dans DACL, t. 2, vol. 1, 1910, col. 346-380. - Les premières représentations iconographiques.

LEE G. M., "Luke 3, 23", ExpT 79 (1967-1968), p. 310.

°LEGAULT A., "Le baptême de Jésus et la doctrine du Serviteur souffrant", ScEc 13 (1961), p. 147-166.

°LENTZEN-DEIS F., Die Taufe Jesu nach den Synoptikern, Literarkritische und gattungsgeschichtliche Untersuchungen, Frankfurt am Main 1970 (FTS 4).

LENTZEN-DEIS F., "Ps. 2, 7, ein Motiv früher "hellenistischer" Christologie?, Der Psalmvers in der Lectio varians von Lk. 3, 22 im Ebionäerevangelium und bei Justinus Martyr", ThPh 44 (1969), p. 342-362.

LINDIJER C. H., "Jezus'doop in de Jordaan [Le baptême de Jésus dans le Jourdain]", NedTheolTijd 18 (1963-1964), p. 177-192. - Les évangélistes.

LOHMEYER E. et SASS G., Das Evangelium des Markus, 16e éd., et Ergänzungsheft, 2e éd., Göttingen 1963 (KEKNT 1, 2).

LOHMEYER E. et SCHMAUCH W., Das Evangelium des Matthäus, 3e éd., Göttingen 1962 (KEKNT).

MARSHALL I. H., "Son of God or Servant of Yahweh?, A reconsideration of Mark 1, 11", NTS 15 (1968-1969), p. 326-336.

NEGOITSA A. et DANIEL C., "L'agneau de Dieu est le Verbe de Dieu (Ad Jo. 1, 29 et 36)", NovTest 13 (1971), p. 24-37.

OHRT F., Die ältesten Segen über Christi Taufe und Christi Tod in religionsgeschichtlichem Lichte, Copenhague 1938 (KDVSHFM 25, 1), p. 27-47 et 77-220.

°ORBE A., "El primer testimonio del Bautista sobre el Salvador según Heracleón y Origenes", EstEcl 30 (1956), p. 5-36.

ORBE A., La unción del Verbo, Estudios valentinianos, vol. 3, Rome 1961 (AG 113). - Tous les commentateurs des deux premiers siècles sauf les évangélistes.

°PLOOIJ D., "The baptism of Jesus", dans Amicitiae corolla, A volume of essays presented to J. R. Harris, Londres 1933, p. 239-252.

RENGSTORF K. H., art. "Ποταμός, ποταμοφόρητος, Ἰορδάνης", dans TWNT, vol. 6, 1959, p. 595-623, voir p. 608-623.

°RIVERA L. F., "El bautismo de Jesús en San Marcos", RevBíblica 27 (1965), p. 140-152.

SABBE M., "Het verhaal van Jezus'doopsel [Le récit du baptême de Jésus]", CBG 8 (1962), p. 456-474 et 9 (1963), p. 211-230 et 333-365. - Les évangélistes.

°SABBE M., "Le baptême de Jésus, Etude sur les origines littéraires du récit des évangiles synoptiques", dans De Jésus aux évangiles, Tradition et rédaction dans les évangiles synoptiques, Gembloux (Belgique) et Paris 1967, p. 184-211.

SAGNARD F., Clément d'Alexandrie, Extraits de Théodote, Texte grec, introduction, traduction et notes, Paris 1948 (SC 23), p. 217-219. - Marc le Mage.

SCHLIER H., Essais sur le Nouveau Testament [traduit de l'allemand], Paris 1968 (LD 46), p. 247-254 ("La présentation du baptême de Jésus dans les évangiles").

SCHNACKENBURG R., Das Johannesevangelium, 1. Teil, Einleitung und Kommentar zu Kap. 1-4, Freiburg im Breisgau 1965 (HTKNT 4, 1).

SCHUERMANN H., Das Lukasevangelium, 1. Teil, Kommentar zu Kap. 1, 1 - 9, 50, Freiburg im Breisgau 1969 (HTKNT 3, 1).

SPITTA F., "Beiträge zur Erklärung der Synoptiker", ZNTW 5 (1904), p. 303-326, voir p. 308-323.

STAEHLIN G., Die Apostelgeschichte, 10e éd., Göttingen 1962 (NTD 5).

STRACK H. L. et BILLERBECK P., Kommentar zum Neuen Testament aus Talmud und Midrasch, 6 t., Munich 1922-1961.

SUEHLING F., Die Taube als religiöses Symbol im christlichen Altertum, Freiburg im Breisgau 1930 (SHRQ 24).

TAYLOR V., The Gospel according to St Mark, The Greek text with introduction, notes and indexes, Londres 1952.

VOELTER D., "Die Taufe Jesu durch Johannes", NieuwTheolTijd 6 (1917), p. 53-76. - Les évangélistes.

°VOSTÉ J.-M., De baptismo, tentatione et transfiguratione Jesu, Rome 1934 (STBNT).

WUELFING VON MARTITZ P., FOHRER G., SCHWEIZER E., LOHSE E. et SCHNEEMELCHER W., art. "Υἱός, υἱοθεσία", dans TWNT, vol. 8, 1969, p. 334-402.

ZARRELLA P., "Il battesimo di Gesú nei sinottici (Mc. 1, 9-14 [sic]; Mt. 3, 13-17; Lc. 3, 21-22)", ScCat 97 (1969), p. 3-29.

AUTRES TRAVAUX

ALTANER B. et STUIBER A., Patrologie, Leben, Schriften und Lehre der Kirchenväter, 7e éd., Freiburg im Breisgau 1966.

Bibliographia patristica, Internationale patristische Bibliographie, 11 t., Berlin 1959-1971. - Bibliographie des années 1956-1966.

HARNACK A., Geschichte der altchristlichen Litteratur bis Eusebius, 1. Theil, Die Überlieferung und der Bestand, Leipzig 1893.

Internationale Zeitschriftenschau für Bibelwissenschaft und Grenzgebiete, 17 t., Düsseldorf 1954-1971. - Bibliographie des années 1951-1971.

KITTEL G. et FRIEDRICH G., Theologisches Wörterbuch zum Neuen Testament, 8 vol., Stuttgart 1933-1969. - Lettres α à υ.

MALATESTA E., St John's Gospel 1920-1965, A cumulative and classified bibliography of books and periodical literature on the fourth gospel, Rome 1967 (AnalBib 32).

MATTILL A. J. et MATTILL Mary B., A classified bibliography of literature on the Acts of the apostles, Leiden 1966 (NTTS 7).

METZGER B. M., Index to periodical literature on Christ and the gospels, Leiden 1966 (NTTS 6).

New Testament abstracts, 15 t., Weston puis Cambridge (Massachusetts) 1956-1971. - Bibliographie des années 1955-1970.

WIKENHAUSER A., Einleitung in das Neue Testament, 5e éd., Freiburg im Breisgau 1963.

INDEX

LIVRES BIBLIQUES

Genèse: 31.
3, 19: 70.
22, 2: 132.
22, 12: 132.
22, 16: 132.
49, 8-12: 95.96.
49, 10-11: 97.
49, 10: 93.94.95.96.
49, 11: 95.96.

Exode
2, 1-10: 51.
4, 22-23: 132.
12, 1-28: 19.
30, 23-25: 51.

Nombres
4, 2-3: 133.
15, 22-29: 43.

Juges
6, 36-40: 116.

2 Samuel
5, 3-4: 133.

2 Rois
6, 1-7: 94.

Esaïe
2, 4: 95.
5, 6: 117.
7, 14: 114.
7, 15: 95.
8, 4: 94.
11, 1-4: 110.112.
11, 1-3: 49.54.92.
  93.94.97.
11, 1-2: 119.
11, 1: 92.
11, 2-3: 37.113.114.
  117.120.
11, 2: 18.49.111.
  112.116.119.
  130.136.
42, 1: 18.131.132.
52, 13 à 53, 12: 19.
53, 2-3: 95.
58, 6: 15.
61, 1-2: 15.110.112.
  116.
61, 1: 16.111.112.
  113.114.115.
  120.
63: 7.
63, 19 (64, 1): 7.

Ezéchiel
1: 7.105.

Joël
3, 1-2 (2, 28-29):
  93.112.116.

Psaumes
2, 1-2: 16.116.
2, 2: 116.
2, 7: 13.96.131.132.
18 (17), 5-18: 25.
45 (44), 7-8: 114.
  115.
45 (44), 8: 16.
68 (67), 19: 93.
74 (73), 13: 37.
118 (117): 108.

Job
40, 23: 38.

Proverbes
1, 7: 65.66.
5, 22: 111.

1 Chroniques
23, 3: 133.

Matthieu: passim.
1-2: 10.
1, 18-25: 10.
2, 1-12: 94.
2, 13 à 4, 17: 85.
3, 6: 42.
3, 13-17: 11.138.
3, 13: 44.101.
3, 14-15: 11.46.
3, 14: 11.34.35.106.

3, 15: 11.12.30.32.
    34.35.38.129.
3, 16-17: 109.110.
3, 16: 7.111.112.
3, 17: 8.34.35.45.
    125.
5, 17: 11.
5, 19: 22.
5, 20: 11.
8, 24: 98.
10, 20: 111.
11, 9: 75.118.
11, 13: 93.
12, 18: 132.
12, 29: 107.
13, 17: 119.
13, 43: 106.
13, 55: 95.
14, 2: 89.
17, 2: 129.
20, 20-23: 9.
26, 6-13: 30.
26, 39: 9.
28, 19: 112.

Marc: passim.
1, 1: 6.101.
1, 5: 42.
1, 9-11: 6.7.138.
1, 9: 8.44.101.
1, 10: 7.8.111.112.
1, 11: 7.8.13.45.
    125.
1, 14-15: 13.
3, 27: 107.
4, 38: 98.
6, 3: 95.
6, 14: 89.
9, 7: 8.
10, 35-40: 9.138.

10, 38: 25.80.81.
14, 3-9: 30.
14, 36: 9.

Luc: passim.
1-2: 12.
1, 26-38: 12.
1, 35: 65.
1, 76-77: 118.
2, 9-14: 72.
2, 9: 129.
2, 11: 73.
3, 1: 66.120.
3, 19-20: 13.
3, 21-23: 13.138.
3, 21: 7.
3, 22: 8.13.34.35.
    45.96.111.112.
    125.
3, 23-38: 13.
3, 23: 13.33.35.44.
    101.119.
4, 14-15: 13.
4, 16-21: 15.138.
4, 18: 113.114.
6, 12: 13.
7, 26: 75.118.
9, 18: 13.
9, 28-29: 13.
10, 18: 117.
10, 24: 119.
11, 1: 13.
12, 49-50: 9.16.138.
12, 50: 25.36.80.81.
22, 42: 9.
23, 46: 58.

Jean: passim.
1, 14 à 2, 11: 85.
1, 19 à 2, 11: 17.

86.
1, 19-34: 124.
1, 29-34: 17.118.
    138.
1, 29-31: 86.
1, 29-30: 118.
1, 29: 18.19.34.35.
    69.74.96.108.
    119.
1, 30: 18.34.35.
1, 31-33: 46.
1, 31: 18.35.
1, 32-34: 86.
1, 32: 18.34.35.111.
    112.119.
1, 33: 18.35.
1, 34: 8.18.
1, 36: 19.
2, 11: 102.
2, 25: 110.
4, 5-42: 64.
8, 46: 42.
9, 6-7: 98.
12, 1-8: 30.
12, 26: 130.
18, 11: 9.

Actes: passim.
1, 21-22: 14.101.
    138.
4, 24-28: 16.116.
    138.
4, 26-27: 116.
10: 115.
10, 34: 15.138.
10, 37-38: 13.15.
    116.138.
10, 38: 115.
12, 7: 129.
13, 33: 131.

26, 13: 129.

Romains
8, 11: 70.

1 Corinthiens
1, 17 à 2, 9: 28.
1, 18: 28.
1, 19: 28.
1, 20: 28.
1, 23: 28.
1, 29: 28.
1, 31: 28.
2, 7: 28.
2, 8: 28.

12, 28: 119.

2 Corinthiens
5, 21: 42.

Hébreux: 140.
1, 9: 16.140.
1, 14: 130.
4, 15: 42.

1 Pierre
2, 22: 42.

2 Pierre: 141.
1, 16-18: 8.

1, 17: 8.141.

1 Jean
3, 5: 42.

Apocalypse: 31.59.
83.
1, 8: 80.
2, 6: 59.
2, 15: 59.
12, 4: 26.
20, 2: 107.
21, 6: 80.
22, 13: 80.

OEUVRES ANCIENNES

AMBROISE DE MILAN
Commentaire sur Luc
2, 83: 31.

ANASTASE LE SINAÏTE
Le Guide
13: 100.138.

Apocalypse de Moïse
9: 40.
13: 40.

Ascension d'Esaïe
11, 16: 29.

CELSE
Discours véritable:
    122.123.124.

137.

CLÉMENT D'ALEXANDRIE
Eclogae propheticae
7, 2: 31.
Extraits de Théodote: 68.76.78.
5, 2: 78.140.
16: 65.70.78.137.
139.
21-22: 76.
22, 6-7: 76.81.139.
26, 1: 77.
33, 3-4: 78.
36: 77.139.
37-38: 78.
61, 6: 70.78.139.
69-75: 78.

76, 1: 78.139.
81: 78.
85, 1: 78.
Stromates
1, 146, 1-2: 66.137.
2, 36, 1: 66.137.
2, 38, 1-2: 66.137.

CLÉMENT DE ROME
    PSEUDO-
Homélies: 41.50.140.
2, 16, 7: 52.
3, 20, 2: 50.141.
20, 2, 5-6: 48.
Reconnaissances: 41.
    50.137.140.
1, 39: 51.
1, 45-47: 52.

1, 45, 1-2: 48.
1, 45, 4-5: 52.
1, 48, 3-6: 51.138.
2, 22, 4: 50.141.

Codex Ambrosianus I,
    9 sup.: 103.
    137.138.

Codex Sangermanen-
    sis: 129.

Codex Vaticanus
    2022: 137.
fos 238-240: 103.
    138.

Codex Vercellensis:
    129.

Contre l'hérésie
    d'Artémon: 83.
    84.88.90.

CYPRIEN DE CARTHAGE
    PSEUDO-
De Pascha computus
22: 31.
De rebaptismate: 41.
    137.
17: 44.138.

CYRILLE DE JÉRUSALEM
Catéchèses
3, 11: 38.

Descensus Christi ad
    inferos: 40.

EPHREM DE NISIBE
Commentaire du Dia-
    tessaron: 33.
3, 17: 34.138.139.
4, 1: 34.139.
4, 2: 34.139.
4, 3: 34.139.
4, 4: 34.139.
6, 3: 22.
9, 1: 34.139.
9, 4: 34.139.
9, 11: 34.139.
11, 20: 34.139.
13, 11: 35.139.
14, 5: 35.139.
16, 19: 34.139.
18, 3: 34.139.
20, 3: 36.139.
20, 15: 34.139.

EPIPHANE DE SALAMINE
Panarion: 1.
27, 2, 1-6: 61.140.
28, 1, 4-7: 58.140.
30: 40.47.
30, 13, 2: 44.137.
30, 13, 4: 44.
30, 13, 6: 44.
30, 13, 7-8: 45.137.
30, 13, 7: 48.
30, 14, 3: 44.
30, 14, 4: 48.
30, 16, 2-4: 47.137.
30, 16, 5: 51.
30, 18, 5-6: 43.
31, 22, 1-2: 71.141.
34, 7, 2: 79.141.
34, 8, 8: 80.141.
34, 10, 4-7: 79.141.
34, 19, 4-5: 81.141.

51: 83.84.
51, 3, 1-2: 84.
51, 4, 3: 84.
51, 13, 7-10: 86.
51, 17, 10 à 51, 18,
    1: 85.137.
51, 22, 1: 86.
51, 35, 1-3: 84.
54, 1, 1: 84.
54, 3, 5: 87.

Epître de Barnabé
11: 94.

EUSÈBE DE CÉSARÉE
Histoire ecclésias-
    tique
2, 25, 6: 84.
3, 27, 2-3: 47.
3, 27, 2: 43.
3, 27, 3: 43.
3, 36, 5: 27.
3, 36, 10: 27.
4, 18: 90.
4, 26, 2: 90.100.
    103.
5, 1, 26: 39.
5, 20, 1: 90.
5, 24, 2: 106.
5, 24, 5: 106.
5, 26: 90.
5, 28, 4-5: 90.
5, 28, 6: 83.88.
5, 28, 8-9: 83.
5, 28, 13-19: 84.
6, 20, 3: 84.

Evangile de Nicodè-
    me: 40.140.
20, 2-3: 40.140.

Evangile de Philippe
copte (CG 2, 3)
109: 31.

Evangile des douze
apôtres: 40.45.

Evangile des ébionites: 39.40.44.
45.48.51.54.
129.131.137.

Evangile des égyptiens grec: 56.

Evangile des hébreux: 39.40.
41.49.50.54.55.
130.136.137.
138.

Evangile des nazaréens: 39.40.41.
42.43.44.55.
128.137.138.

GRÉGOIRE D'ELVIRE
Tractatus de libris
Scripturae
15: 31.

GRÉGOIRE DE NAZIANZE
Orationes
38, 16: 31.

HÉRACLÉON
Commentaire sur
Jean: 69.74.75.
137.

HERMAS
Le Pasteur
59, 5-7: 83.88.140.
78, 1: 88.

HIPPOLYTE DE ROME
Commentaire sur les
bénédictions
d'Isaac, de Jacob et de Moïse, éd. PO, t.
27, 1954
p. 80: 96.
p. 82: 31.96.
Contre Gaïus: 85.
Défense de l'Evangile selon Jean
et de l'Apocalypse: 85.
Elenchos: 1.88.
5, 7, 41: 127.
5, 8, 4: 127.
5, 19, 21: 64.138.
5, 26, 32: 58.
5, 27, 3: 64.141.
6, 35, 5-7: 68.
6, 35, 6-7: 70.137.
138.139.
6, 35, 7: 72.
6, 47, 1-2: 79.141.
6, 49, 5: 80.141.
6, 51, 2-5: 79.141.
7, 26, 1-4: 66.
7, 26, 8-9: 65.140.
7, 32, 1-2: 61.140.
7, 32, 3-4: 61.
7, 33: 58.140.
7, 33, 2: 58.
7, 34: 47.
7, 35: 87.139.

8, 10, 7-8: 74.140.
10, 21: 58.140.
10, 21, 3: 58.
10, 22: 47.
10, 23: 88.139.

HIPPOLYTE DE ROME
PSEUDO-
Homélie sur la Pâque: 108.140.
9, 6: 108.140.
18: 108.140.

IGNACE D'ANTIOCHE
Epître aux Ephésiens: 27.
17, 1: 30.140.
17, 2 à 19, 1: 27.
28.138.
17, 2: 28.
18, 1: 28.
18, 2: 29.30.31.32.
19, 1: 28.29.
19, 2-3: 29.
20, 1: 29.
20, 2: 29.
21, 1: 27.
Epître aux Magnésiens
9: 32.140.
Epître aux Smyrniotes: 27.
1: 27.29.30.32.138.
12, 1: 27.

IRÉNÉE DE LYON
Adversus haereses:
109.113.
1, 1, 1 à 1, 8, 4:
71.

1, 6, 1: 71.
1, 7, 2: 71.74.139.
1, 13, 5: 68.
1, 14, 6: 79.138.
1, 15, 1: 80.138.
1, 15, 3: 79.138.
1, 21, 2: 81.138.
1, 21, 3: 81.
1, 21, 4: 81.
1, 25, 1: 61.137.
1, 25, 2: 61.
1, 26, 1: 58.137.
1, 26, 2: 47.
1, 30: 61.
1, 30, 11-14: 63.
    138.
1, 30, 12: 81.
2, 22, 3-6: 133.141.
3, 3, 3: 84.
3, 3, 4: 59.
3, 6, 1: 115.141.
3, 9, 1-3: 109.
3, 9, 3: 72.109.111.
    112.113.114.
    116.120.138.
    139.
3, 10, 3: 118.138.
3, 10, 4: 73.139.
3, 11, 1: 60.137.
    138.
3, 11, 3: 73.139.
3, 11, 4: 119.138.
3, 11, 9: 84.
3, 12, 5: 116.141.
3, 12, 7: 116.138.
3, 14, 3: 120.138.
3, 16, 1: 73.139.
3, 16, 5: 58.
3, 17, 1: 74.111.
    112.116.117.
    120.138.139.
3, 17, 3: 117.120.
    138.
3, 18, 3: 115.120.
    138.
3, 21, 4: 95.113.
Démonstration: 113.
9: 114.120.138.
40-41: 119.120.138.
47: 115.141.
53: 95.113.114.120.
    138.
59: 119.
60: 113.
74: 116.
99: 113.

IRÉNÉE DE LYON PSEU-
    DO-
fragments, éd. Har-
    vey
31 (1re série): 120.
    141.

JEAN CHRYSOSTOME
De baptismo Christi
2: 31.

JÉRÔME
Commentaire sur
    Esaïe
4, ad Es. 11, 1-3:
    49.137.
Dialogi contra pela-
    gianos
3, 2: 42.137.

JUSTIN LE MARTYR
1re Apologie
61, 1: 97.

Dialogue avec Try-
    phon: 92.
39, 2: 93.
49-54: 97.
49-52: 93.95.
49, 1: 48.98.137.
49, 3: 93.
51, 1: 93.
51, 2: 93.97.138.
51, 3: 93.
52-54: 95.
52, 1: 93.
52, 3-4: 93.
53, 1-2: 95.
77, 2-3: 94.
78, 9: 94.
86, 4: 92.
86, 6: 94.141.
87-88: 92.97.113.
87, 1-2: 92.
87, 3 à 88, 1: 92.
    94.96.117.
87, 3: 92.93.
87, 4: 93.
87, 5: 92.93.
87, 6: 93.
88, 1-8: 92.
88, 1: 92.93.94.
88, 2-4: 92.97.138.
88, 2: 93.94.95.
88, 3: 96.
88, 4: 92.94.
88, 6: 92.95.96.97.
    98.138.
88, 8: 36.92.95.96.
    97.138.
103, 6: 96.138.

Kérugmata Pétrou:
    40.41.50.51.54.

55.128.137.138.
140.141.

Lettre des chrétiens
de Lyon et de
Vienne: 39.

MÉLITON DE SARDES
Homélie sur la Pâque
102: 107.
Sur Dieu corporel:
100.
Sur le bain: 103.
107.108.
2-4: 103.138.
Sur l'incarnation du
Christ: 106.
107.
3: 98.99.100.138.

Odes de Salomon: 21.
22.23.25.26.32.
38.107.127.138.
19: 26.
24: 24.138.
28, 1: 25.
42, 10-20: 25.

Oracles sibyllins:
40.41.52.54.55.
128.138.
6: 41.52.
6, 1-8: 53.138.
6, 1-3: 54.
6, 3-4: 54.
6, 4-5: 54.
6, 6: 54.
6, 8: 54.
7: 41.52.
7, 64: 53.138.

7, 66-70: 53.138.
7, 66-67: 54.
7, 66: 54.
7, 68-69: 54.
7, 69-70: 54.
7, 76-84: 53.54.138.
7, 76-78: 54.
7, 81: 54.
7, 82-83: 54.
7, 84: 54.

ORIGÈNE
Commentaire sur Jean
2, 87: 50.
6, 217-220: 128.
6, 290: 96.
6, 292: 96.
6, 306-307: 75.137.
10, 10-14: 86.
Contre Celse: 122.
1, 28: 122.
1, 40: 124.125.137.
1, 41: 124.125.137.
1, 48: 125.
2, 4: 124.137.
2, 72: 124.137.
5, 61: 43.47.
5, 65: 47.
Homélies sur Jérémie
15, 4: 50.

Papyrus Egerton 3:
69.141.
1. 67-71: 69.141.

Paraphrase de Sem
(CG 7, 1): 64.
141.
p. 32, 1. 5-17: 64.
141.

PHILON D'ALEXANDRIE
Legum allegoriae
2, 89: 128.

PLINE LE JEUNE
Lettres
10, 96, 10: 39.

Praedicatio Pauli:
39.41.43.44.54.
55.128.137.138.

PTOLÉMÉE LE GNOSTIQUE
Commentaire sur
Jean: 69.

Qoumrân
1QH (Hymnes)
3, 6-18: 25.
1QSa (Règle annexe)
1, 13-18: 133.

Sur l'épiphanie du
Seigneur, Extrait des Constitutions apostoliques: 56.
141.

TATIEN LE SYRIEN
Diatessaron: 22.33.
34.35.36.138.
Discours aux Grecs
13: 130.

Témoignage de vérité
(CG 9, 3): 56.
141.

TERTULLIEN
Adversus Judaeos
8, 14: 31.
Adversus Marcionem
1, 15, 1: 100.
5, 20, 3: 100.
Adversus valentinianos
27, 1-2: 71.141.
Apologeticum
9, 13-14: 39.
De baptismo: 106.
De pudicitia

6, 16: 31.

TERTULLIEN PSEUDO-
Adversus omnes haereses: 139.
5, 1-2: 80.137.138.

Testaments des douze patriarches:
21.22.23.36.
139.141.
Testament de Lévi
18, 6-7: 37.139.

Testament de Juda
24, 1-2: 37.141.
Testament d'Asher
7, 3: 37.139.

THÉOPHILE D'ANTIOCHE
Livres à Autolycus
1, 12: 104.

Vie d'Adam
36: 40.
40-42: 40.

AUTEURS MODERNES

ALAND K.: 142.143.
ALTANER B.: 69.150.
ARCHAMBAULT G.: 48. 92.93.96.142.

BAJARD J.: 15.
BAREILLE G.: 57.69.
BARRETT C. K.: 19. 144.
BAUER W.: 2.41.61. 67.144.
BEASLEY-MURRAY G. R.: 144.
BELL H. I.: 69.
BENOÎT A.: 21.26.28. 29.32.39.109. 111.144.
BESKOW P.: 105.
BEST E.: 145.
BILLERBECK P.: 150.

BLACK M.: 142.
BLANC Cécile: 75. 142.
BLINZLER J.: 4.
BOISMARD M.-E.: 17.
BONNARD P.: 5.145.
BONNETAIN P.: 145.
BORNEMANN J.: 2.83. 145.
BORRET M.: 124.142.
BRAUMANN G.: 10.145.
BRAUN H.: 145.
BRETSCHER P. G.: 132.145.
BROOKE A. E.: 75.
BROWN R. E.: 5.145.
BROX N.: 57.
BUCHANAN F.: 145.
BULTMANN R.: 4.5. 145.

BUSE I.: 7.145.

CAMELOT P. Th.: 27. 142.
CANTALAMESSA R.: 100.108.
CARMIGNAC J.: 22.
CHADWICK H.: 69.
CHARLES R. H.: 37. 142.
CHARLESWORTH J. H.: 22.
CHARLIER J.-P.: 102.
CHEVALLIER M.-A.: 13.16.113.130. 145.
CHIRAT H.: 69.
CONZELMANN H.: 5. 145.
CRANFIELD C. E. B.:

145.
CULLMANN O.: 11.19.
27.32.145.
CZAJKOWSKI M.: 131.
145.

DANIEL C.: 19.149.
DANIÉLOU J.: 22.29.
95.108.127.145.
DEKKER W.: 146.
DELLING G.: 9.146.
DIBELIUS M.: 146.
DODD C. H.: 5.
DOELGER F. J.: 105.
146.
DRIJVERS H. J. W.:
22.
DUPONT J.: 131.
DUTHEIL J.: 146.

EISSFELDT O.: 12.
146.

FABBRI E. E.: 26.
109.146.
FEUILLET A.: 1.9.
130.132.146.
147.
FLEMINGTON W. F.:
147.
FOERSTER W.: 57.75.
FOHRER G.: 150.
FRIDRICHSEN A.: 12.
147.
FRIEDRICH G.: 151.
FROIDEVAUX L. M.:
114.115.119.
142.

GABOURY A.: 132.147.

GEFFCKEN J.: 53.143.
GEORGE A.: 131.147.
GOGUEL M.: 147.
GOODSPEED E. J.:
100.103.
GOPPELT L.: 22.
GRANT R. M.: 28.105.
GREEVEN H.: 130.147.
GRESSMANN H.: 130.
147.
GRUNDMANN W.: 5.147.
GRYGLEWICZ F.: 19.
147.

HAENCHEN E.: 4.5.
147.
HARNACK A.: 106.151.
HARRIS R.: 24.26.
143.
HARTEL G.: 44.143.
HARVEY W. W.: 58.61.
63.71.79.80.81.
120.141.143.
HEISE J.: 18.
HENNECKE E.: 40.41.
42.
HILL D.: 9.15.
HIRSCH Selma: 147.
HOLL K.: 44.45.47.
85.143.

JACOBY A.: 56.
JANSSENS Yvonne: 75.
JEREMIAS J.: 147.
JUELICHER A.: 143.

KAHLE P.: 104.
KECK L. E.: 129.148.
KELLY J. N. D.: 83.
KITTEL G.: 151.

KOSNETTER J.: 148.

LABRIOLLE P. DE: 84.
LAGRANGE M.-J.: 5.
148.
LAMPE G. W. H.: 104.
106.148.
LA POTTERIE I. DE:
14.19.148.
LECLERCQ H.: 2.148.
LEE G. M.: 133.148.
LEGAULT A.: 148.
LEISEGANG H.: 57.
LELOIR L.: 33.34.35.
36.143.
LENTZEN-DEIS F.:
131.148.
LINDIJER C. H.: 148.
LODS M.: 84.122.125.
LOHMEYER E.: 4.5.
148.
LOHSE E.: 150.
LUNDBERG P.: 94.127.

MALATESTA E.: 151.
MARROU H.-I.: 22.
104.
MARSHALL I. H.: 132.
149.
MATTILL A. J.: 151.
MATTILL Mary B.:
151.
MERCATI J. M.: 103.
143.
METZGER B. M.: 142.
151.
MIGNE J.-P.: 143.
MINGANA A.: 24.26.
143.
MOLLAND E.: 21.39.

51.
MOULE C. F. D.: 11.
MOUSON J.: 76.

NAUTIN P.: 88.100.
120.
NEGOITSA A.: 19.149.
NESTLE Eb.: 6.9.11.
13.14.15.16.17.
143.
NESTLE Erw.: 143.

O'CEALLAIGH G. C.:
40.
OHRT F.: 149.
ORBE A.: 2.30.46.64.
65.72.74.76.77.
78.92.93.94.
109.118.130.
149.
OTTO J. K. Th.: 100.
103.

PERLER O.: 100.103.
106.144.
PHILONENKO M.: 23.
37.38.
PITRA J.-B.: 103.
144.
PLOOIJ D.: 149.
PREISS Th.: 28.31.
PRIGENT P.: 92.97.
PUECH H.-Ch.: 56.

QUASTEN J.: 85.

RAHLFS A.: 144.
RATHKE H.: 28.
REHM B.: 51.144.
RENGSTORF K. H.:
102.127.149.
RIVERA L. F.: 149.
RUDOLPH K.: 22.

SABBE M.: 149.
SAGNARD F.: 60.65.
68.69.70.71.72.
73.74.75.76.77.
78.79.111.112.
115.116.117.
118.119.120.
144.149.
SANTOS OTERO A. DE:
40.56.
SASS G.: 4.148.
SCHLIER H.: 149.
SCHLUETZ K.: 49.
SCHMAUCH W.: 5.148.
SCHNACKENBURG R.: 5.
149.
SCHNEEMELCHER W.:
40.41.42.150.
SCHOEPS H. J.: 41.
51.
SCHUERMANN H.: 5.
150.
SCHWEIZER E.: 150.
SIMON M.: 21.39.47.
SKEAT T. C.: 69.
SMITH R. P.: 104.
SPANNEUT M.: 107.

SPITTA F.: 150.
STAEHLIN G.: 5.150.
STAEHLIN O.: 66.144.
STENDAHL K.: 5.
STRACK H. L.: 150.
STRECKER G.: 41.51.
STUIBER A.: 150.
SUEHLING F.: 130.
150.

TAYLOR V.: 4.150.
TROCMÉ E.: 4.5.8.

VAN IERSEL B. M. F.:
17.
VOELKER W.: 75.
VOELTER D.: 150.
VOSTÉ J.-M.: 150.

WENDLAND P.: 64.70.
87.88.144.
WIKENHAUSER A.: 151.
WIKGREN A.: 142.
WILCKENS U.: 15.
WISSE F.: 64.
WOOD J. E.: 132.
WUELFING VON MARTITZ
P.: 150.
WUTZ F.: 128.

ZARRELLA P.: 150.
ZUNTZ G.: 104.

Beiträge zur Geschichte der biblischen Exegese

13
Bo Reicke
Die zehn Worte
in Geschichte und Gegenwart. Zählung und Bedeutung der Gebote in den verschiedenen Konfessionen
1973. VI, 73 Seiten. Kart. DM 19.50

12
Eckhard Schendel
Herrschaft und Unterwerfung Christi
1. Korinther 15, 24-28 in Exegese und Theologie der Väter bis zum Ausgang des 4. Jahrhunderts
1971. IX, 227 Seiten. Brosch. DM 37.--, Ln. DM 43.--

11
Hans Christian Knuth
Zur Auslegungsgeschichte von Psalm 6
1971. XI, 430 Seiten. Brosch. DM 67.50, Ln. DM 74.--

10
Viggo Norskov Olsen
The New Testament Logia on Divorce
A Study of their Interpretation from Erasmus to Milton
1971. VI, 161 Seiten. Brosch. DM 30.--, Ln. DM 36.--

9
Martin Künzi
Das Naherwartungslogion Matthäus 10, 23
Geschichte seiner Auslegung
1970. VII, 201 Seiten. Brosch. DM 36.--, Ln. DM 42.--

8
François Bovon
De Vocatione Gentium
Histoire de l'interprétation d'Act. 10, 1-11,18 dans les six premiers siècles
1967. XVII, 373 Seiten. Brosch. DM 48.--, Ln. DM 53.--